It's Time to Study
Turkish
Now

Sean H. Tunbak

It's time To Study Turkish Now

Copyright © 2017

ISBN-13: 978-0692820056 (Custom Universal)

ISBN-10: 0692820051

First Edition

I dedicate this unassuming book to all teachers.

TABLE OF CONTENTS

ABOUT THE BOOK

This is a bilingual book because not everyone who wants to learn Turkish is lucky enough to go a language course, sit in a classroom and learn with a teacher. Each lesson in this book opens with a situational conversation or a short talk. It aims to teach vocabulary through the context; the key vocabulary was spread out over the lessons instead of providing a glossary at the end of the book. It is Time to Study Turkish now engages the learners with plenty of real life contexts in conversations, reading passages, exercises, puzzles etc. in order to facilitate learning. Unlike many other foreign language learning programs, It is Time to Study Turkish now also uses visuals and facts about the people and places other than Turkey as well as Turkish people due to the fact that the Turkish language is being widely taught in over 170 countries in the world.

It is Time to Study Turkish now was designed to promote communication using the conversations. Most texts in the book and Sights and Sounds depict cultural aspects of Turkey and the Turkish people. Grammar notes, puzzles and exercises help you make comparisons between English and Turkish language, which also enables you to make connections. The lessons also provide you with some key words about the subject taught in the lessons or about a cultural concept for you to search online, which also helps you make communities and learn more by discovering and getting in touch with the native speakers of the target language or reaching authentic materials.

The conversations, texts and some of the exercises were recorded to provide plenty of audio to facilitate mastering the phonetics of the target language. It also helps to retain the new vocabulary that is introduced in each unit.

It should be noted that no one book alone is sufficient to learn a new language. However, we are sure that you can master a certain level studying the lessons in this book consistently and persistently.

WHY IT'S TIME TO STUDY TURKISH NOW?

Asia Minor (Turkey) being a bridge between east and west, have been a cradle for many great civilizations in history. Ottoman Empire which was the last one, ruled people from several different ethnicities and religions for over 600 years. So, Turkey is very **rich in culture**. The riches of Turkey are reflected in its art, music, food and social life. It is *Time to Learn Turkish* because

- It is fun to learn a language that represents a strong history and diverse culture.

- Through Turkish language it is very easy to access other Turkic languages that are spoken by millions of people in the former Soviet Union , China and the Balkans

- Turkish language and/or its dialects are also spoken by many people in Germany, Bulgaria, Iraq, and Iran.

- Turkish is **taught over 170** countries as a foreign language all over the world.

- Turkish is **a phonetic language** which makes it very easy to read and write.

- In modern Turkish there are many borrowed words from European languages.

- **Turkish series** are very popular and being watched by so many people in the Middle East and Europe. You can watch Turkish TV programs without subtitles.

- If you have a plan to visit, work, study or live, in Turkey in future, it is good to have a head start with this book.

- U.S Department of State encourages the learning of the Turkish language through CLS program since it is one of the Critical Languages in the USA. *Through the program, American undergraduate and graduate students study Arabic, Azerbaijani, Bangla, Chinese, Hindi, Indonesian, Japanese, Korean, Persian, Punjabi, Russian, Turkish, Urdu, and this year—for the first time—Swahili.*(Ryan, 2016)

HOW TO USE THIS BOOK?

The book has 10 lessons that include **audio recorded dialogs** and reading texts. Make sure you read and listen to the conversations several times until you pronounce the words correctly. It is very important that you memorize the words taught in each lesson before you have started the next lesson. You can read the texts aloud, record your voice and listen to the recording to compare yours to the recording.

The book contains comprehension questions after the listening and reading materials and drills to consolidate understanding and learning. The **Answer Key** was provided at the back of the book. You are not supposed to see the answers until you have answered all the questions in the lesson you are studying.

The Self- Evaluation tables are at the end of each unit. Make sure you do the self check at the end of each lesson reading the **"I can" statements** and filling out the charts with examples. If you score less than total of 15 points in a unit, you may need to review the lesson thoroughly.

✔ Studying each lesson make sure you

✔ learned the vocabulary given **by heart**

✔ are able to **pronounce the words** correctly

✔ listened to the dialogs at least 3 times and **repeated the sentences aloud**

✔ read the review & practice sections

✔ **use a journal** to take notes

✔ go online and **search the keywords** for more information

✔ **keep the audio recording with you** all the time and listen to it at home, in the car, at the park , etc.

✔ **make a similar dialog** after you listen to each dialog (you can do this alone or with a partner)

✔ **practice** what you learn every day (read, write, retell, etc.) Practicing at least 15 minutes every day will improve your Turkish substantially.

✔ watch cartoons (they have simpler language), chat with people in Turkish, listen to songs in Turkish

✔ **do not be afraid** of making mistakes

✔ keep in mind that **persistence** is very important in learning a foreign language.

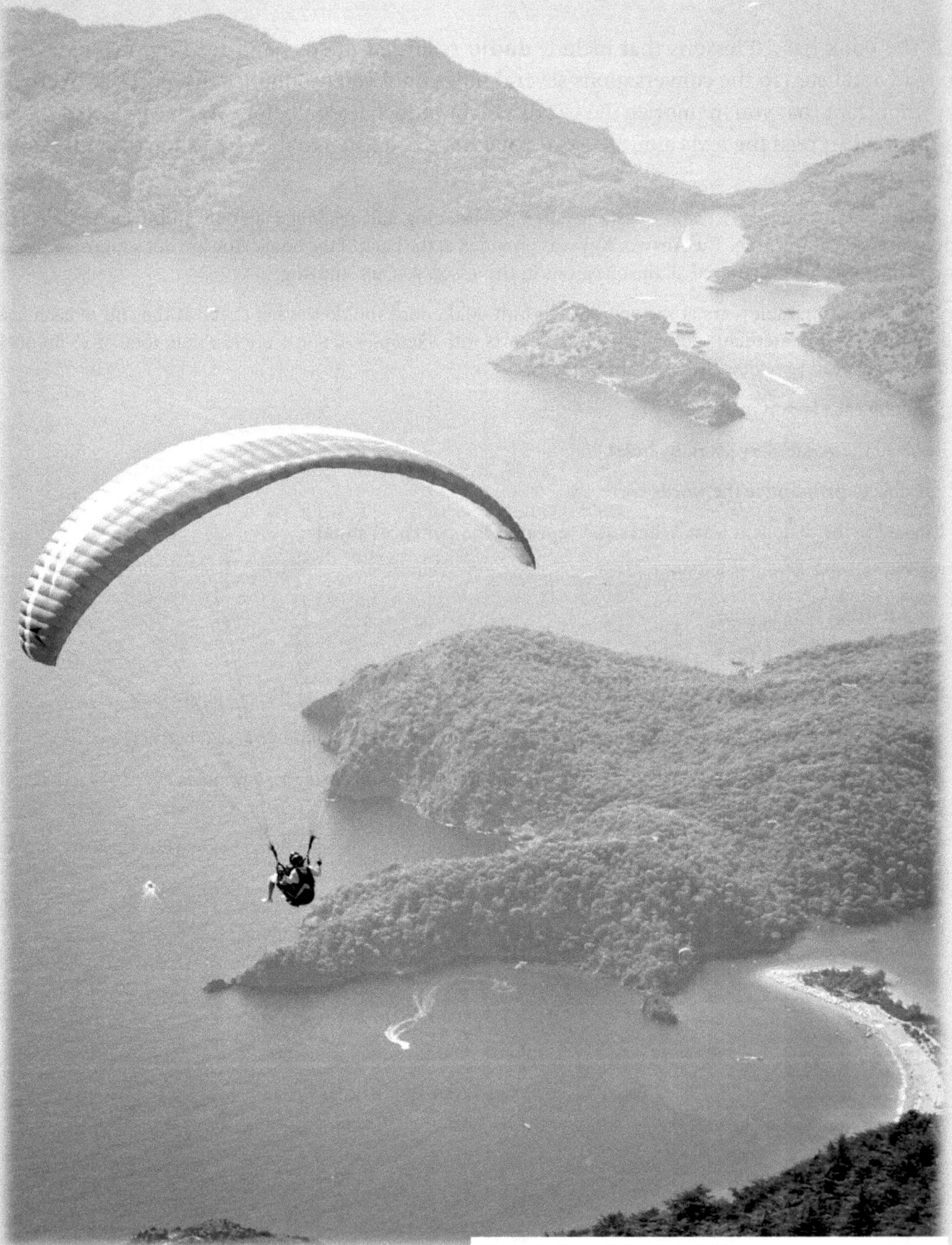

Fethiye, Turkey - 123Render©123RF.com"

Objective: By the end of the chapter, you will be able to:

- greet people and introduce yourself
- use personal pronouns to make simple sentences
- use possessive pronouns to indicate possession

🔊 **1.1**

> Günaydın. Benim adım Burak. Senin adın ne?

> Ben de memnun oldum.

> Merhaba, adım Hakan .Memnun oldum.

Burak: Good morning. My name is Burak. What's your name?
Hakan : Hello, my name is Hakan. Nice to meet you. (I am glad to meet you.)
Burak: Glad to meet you too.

Merhaba, is a common way of saying 'hello' in Turkish. It is used both in formal and informal conversations. "Adın ne?" or "Senin adın ne? means "What is your name?" It is rather informal because Turkish people use the second person plural (plural you) when talking to a person who they meet for the first time and, it is considered more polite. So,-"Adınız ne? "or **"Sizin adınız** ne?" is more convenient when you first meet a person or, talking to an important person.

In Turkish Language, there are six personal pronouns. "Ben, Sen, O, Biz, Siz Onlar". And, the words do not have gender. So, we do not need to use different articles depending on the words' gender or number as it is the case in some other languages. Turkish is a phonetic language; you can look at a written word and know how to pronounce it, or you can hear a word and know how to spell it.

In Turkish, there are many suffixes which come at the end of the words. In this lesson you will see the suffixes for possession. In the conversation we see expressions *"benim adım"* and *"senin adın"*. They mean "my name" and "your name" respectively. The words "benim" and "senin" are possessive adjectives and the suffixes –im, and –in are for possession. We can leave out the possessive adjectives "benim' and "senin" and say "adım and adın" in order to say *my name* or *your name*.

🔊 1.2

Şahis ZAMİRLERİ

Personal Pronouns

Ben	I
Sen	You
O	He/she/It
Biz	We
Siz	You (pl)
Onlar	They

🔊 1.3

İYELİK ZAMİRLERİ

Possessive Adjectives

Benim	ad*ım*	....	*My name*
Senin	ad*ın*	......	*Your name*
Onun	ad*ı*	......	*His/Her/Its*
Bizim	ad*ımız*	....	*Our Name*
Sizin	ad*ınız*	......	*Your name (pl)*
Onların	ad*ları*	....	*Their names*

SELAMLAŞMA

Greeting Words

Merhaba   ...... *Hello*

Günaydın   .... *Good morning*

İyi Günler   .... *Have a good day*

İyi Akşamlar ..... *Good evening*

İyi Geceler .... *Good night*

In the Turkish language there are many other ways of greeting. For example, we use expressions like:

Merhaba,

N'aber?

Selamun Aleyküm,

Selam

Ne var, ne yok?

Selam! Benim adım Rebecca. Adı__ ne?

İyi günler! Adı__ Nancy. Memnun ____.

Benim , Senin, Onun

Benim okulum *My school*

benim (my) senin (your)	*a / ı*	*benim - (ı) m*
These words are used with suffixes.	*o / u*	*benim - (u) m*
Benim **adım Ayhan.** *My name is Ayhan.*	*e / i*	*benim - (i) m*
	ö / ü	*benim - (ü) m*
Senin **ad**ın **Aslı.** *Your name is Aslı.*		

If the last letter is a vowel,	*a / ı*	*senin - (ı) n*
the ending will be "- m" and "- n".	*o / u*	*senin - (u) n*
Bu benim arabam. *This is my car.*	*e / i*	*senin - (i) n*
Bu senin araban. *This is your car.*	*ö / ü*	*senin - (ü) n*

Practice: Complete the words below adding the suffixes as shown in the example.

Benim iş-im	Benim gazete-m	Benim çanta-m	Benim bilet-im
Senin iş –(i)n	Senin	Senin	Senin .....
Onun iş - i	Onun	Onun	Onun .....
Bizim iş - imiz	Bizim	Bizim	Bizim .....
Sizin iş - iniz	Sizin	Sizin	Sizin ......
Onların iş – leri	Onların	Onların	Onların .....

Vocabulary:	Benim vize-m	Benim cüzdan-ım	Benim ülke-m
İş: work/job,	Senin	Senin	Senin .....
Gazete: newspaper **Çanta**: bag,	Onun	Onun	Onun .....
Bilet: ticket, **Vize**: visa,	Bizim	Bizim	Bizim .....
Cüzdan: wallet, **Ülke:** country	Sizin	Sizin	Sizin .....
	Onların	Onların	Onların .....

TÜRKÇE	ENGLISH	FRENCH	العربية
Günaydın	Good morning	Bonjour	صباح الخير
İyi günler	Have a good day	Bonne journée	
İyi akşamlar	Good evening	Bonsoir	مساء الخير
İyi geceler	Good night	Bonne nuit	ليلة سعيدة
Hoş geldiniz	Welcome	Bienvenue	أهلا وسهلا بكم
Güle güle	Bye	Au revoir	الى اللقاء
Adınız ne?	What is your name?	Quel est votre prenom?	ما اسمك
Soyadıınız ne?	What is your last name?	Quel est votre nom?	ما هو اسم العائلة
Adım John	My name is John.		اسمي جون
Memnun oldum.	Nice to meet you.	Je suis heureux de vous rencontrer	تشرفت بمقابلتك
N'aber?	What's up?	Quoi de neuf?	ماذا تفعل
Selamün Aleyküm.	Peace be upon you.	Paix soit sur vous.	السلام عليكم
Teşekkür ederim	Thank you.	Merci	شكرا
Lütfen	Please	S'il vous plaît	من فضلك
Bir şey değil	You are welcome.	Vous êtes les bienvenus.	
Görüşürüz.	See you (later).	À plus tard	إلى اللقاء
Merhaba	Hello	Salut!	

P 1.1

Complete the following conversation.

Hande: Günaydın!

Zeynep: _____.

Hande: Adın ne?

Zeynep: Adım _____ .   Senin _____?

Hande: Benim _____

Zeynep: Memnun oldum.

Hande: Ben de _____.

Find the 12 words hidden in the puzzle.

```
M U D L O N U N M E M
A D I N I Z A L E X L
N A S A H M I D A D T
M A B A R A Z G R X X
P S Y A P Q A R R X V
A N E G H Z X A T N W
R N K L E R L D P J W
A M P T A N E G L N N
N Y E Y O M N M T J D
```

Memnun oldum – Adım
Hasan/Arabam/Merhaba/Paran/Adınız
Alex/Gazete/Selam/Onlar/

P 1.2

Complete the sentences with the words given in the box below.

1. **Sizin** _____.
2. **Benim** _____.
3. **Onun** _____.
4. **Senin** _____.
5. **Sizin** _____.
6. **Benim** _____.

> **adı Hüseyin – adın Hakan – adım Hatice –**
>
> **arabam yeni – eviniz güzel – adınız Sevgi**

Translate the following sentences into your native language.

1. Sizin adınız ne?
2. N'aber
3. Tanıştığımıza memnun oldum.
4. Benim işim- senin araban- onun bileti
5. İyi akşamlar!
6. Günaydın
7. Hoşçakal.
8. Görüşürüz.
9. Merhaba benim adım Elşen.

P 1.3   Boşlukları uygun iyelik zamirleri ile duldurunuz.

(Fill in the blanks with convenient possessive adjectives.)

Benim	Bizim	Senin	Sizin	Onun	Onların

1. **Bizim** _____ evimiz uzak. **Ev**: home, house **Uzak**: far
2. _____ bisikletin yeşil. **Bisiklet**: biciycle **Yeşil**: green
3. _____ işi kolay. **Kolay**: easy
4. _____ adları Isabelle ve Daniel.
5. _____ çantam yeni. **Çanta**: bag **Yeni**: new
6. _____ biletiniz hazır. **Hazir**: ready
7. _____ telefonu kapalı. **Kapali**: closed, off
8. _____ sınıfımız geniş. **Sınıf**: classroom **Geniş**: large
9. _____ ülkeniz çok güzel. **Ülke**: country **Güzel**: beautiful
10. _____ ayakkabısı eski **Ayakkabı**: shoe **Eski**: old
11. _____ sandalyeniz kırık. **Sandalye**: chair **Kırık**: broken
12. _____ araban hızlı. **Hızlı**: fast

NOTES

Pair/Group work:

1. Introduce yourself to another person using the greeting words like *"merhaba günaydın iyi akşamlar"* (You can use your name or roleplay when meeting a famous person ie. a singer or politician, in your country)

2. Chain drill: Ask everyone in your learning group (classroom, workplace, etc) their names in Turkish and say you are glad to meet them.

3. Take two objects with you, show them to other people around you and tell them it is yours.

P 1.4

Write the words and sentences you hear.

1. _____

2. _____

3. _____

4. _____

5. _____

6. _____

P 1.4

Listen to the following sentences and choose the appropriate response:

1. _____ Adım Melih.

    _____ Ben de memnun oldum.

2. _____ Hoş bulduk.

    _____ iyi akşamlar.

3. _____ Tanıştığımıza memnun oldum.

    _____ Ne haber?

TEACHING / LEARNING TIPS 1.

Activity: The teacher goes to the board, and asks everybody to close their eyes. He/she writes up words that they learned in this lesson randomly on different parts of the board. Teacher asks them to open their eyes and look at the words on the board for a minute or two. Then he/she tells them they will close their eyes and he/she will erase one word and ask them to open their eyes again. The student/students who notice the erased word each time get a point. Optionally, teacher may ask them to spell the missing word and say the meaning in the native language.

Learning Objective	3 POINTS	1 POINT	0 POINT	
I can introduce myself to others in Turkish.	I can do this easily	I can get my point across	I need to work on this	
I can greet someone both formally and informally.	I can do this easily	I can get my point across	I need to work on this	E
				V
				A
				L
I can ask for someone's name.	I can do this easily	I can get my point across	I need to work on this	U
				A
				T
I can respond to this question. "Adınız ne?"	I can do this easily	I can get my point across	I need to work on this	I
				O
I can respond conveniently after meeting someone.	I can do this easily	I can get my point across	I need to work on this	N
I can say the Personal Pronouns in Turkish.	I can do this easily	I can get my point across	I need to work on this	

16

Objective: By the end of the chapter, you will be able to:
- **Read, write and spell words in Turkish**
- **Identify the vowels and consonants**

In this lesson, we will study the Turkish alphabet. As noted before, Turkish Language is a phonetic language. Once you learn the letters and the sounds, you can read anything in Turkish easily, without referring to a dictionary for phonetic transcriptions. There are 29 letters in Turkish Alphabet. And 8 of them are vowels and the rest are consonants.

🔊 2.1

ALFABE

A B C Ç D E F G

Ğ H I İ J K L M

N O Ö P R S

Ş T U Ü

V Y Z

ABC   *abc*

Learning to pronounce the Turkish vowels is **a little** challenging but it is fun as well. Once you get the hang of it, it will be easier.

🔊 2.2

Note:

Sesli harfler (vowels):

 a, e, ı, i, o, ö, u, ü

Vowels are of two types:

1. **Kalın sesliler** back vowels: a, ı, o, u

2. **İnce sesliler** front vowels:　e, i, ö, ü

SESLİ HARFLER (Vowels):

a, e, ı, i,

o, ö, u, ü

Note:

Yumuşak G (Ğ) never occurs in the beginning of a word. (dağ,doğru, ağaç, etc)

Dağ: *mountain*

Doğru: *correct, true*

Ağaç: *tree*

SESSİZ HARFLER (Consonants):

b, c, ç, d, f, g, ğ, h,j,k,l,

m, n, p, r, s, ş, t, v, y, z

PRACTICE

Let's see these sounds in English words. The words will help you articulate the sounds in Turkish alphabet. However, they may not provide exact pronunciation. So, you are strongly advised to listen to the recordings and try to pronounce the words just as you hear. Do not worry if you cannot pronounce them correctly since it is quite normal for beginners.

A R<u>a</u>ther

B B<u>e</u>cky

C <u>Ge</u>ography

Ç <u>Ch</u>alk

D <u>D</u>esk

E S<u>e</u>t

F <u>F</u>ake

G <u>Ga</u>me

H <u>Ha</u>re

I Kingd<u>o</u>m

İ F<u>ee</u>d

J Plea<u>sure</u>

K <u>K</u>ate

L <u>L</u>emon

M <u>Ma</u>ry

N <u>N</u>est

O <u>O</u>re

Ö B<u>ur</u>ger

P <u>Pa</u>y

R <u>Ra</u>te

S <u>Sa</u>y

Ş <u>Sh</u>ake

T <u>Ta</u>il

U Z<u>oo</u>

Ü D<u>u</u>ty

V <u>Va</u>n

Y <u>Ye</u>s

Z <u>Za</u>c

Üzüm

Çadır

Ördek

Ağaç

PRACTICE

2.3

Practice saying the words you see in the table paying attention on the (letters) sounds that you think do not exist or, are different in your native language. And, fill in the last column in the table with the new words that start with the letter highlighted in each row.

Letter	Word	Meaning
A	At	Horse
B	Balık	Fish
C	Ceylan	Gazelle
Ç	Çivi	Nail
D	Deve	camel
E	Eşek	Donkey
F	Fil	Elephant
G	Geyik	Deer
Ğ	Kurbağa	Frog
H	Horoz	Rooster
I	Işık	Light
İ	İnek	Cow
J	jilet	Razor
K	Kitap	Book
L	Leylek	Stork
M	Maymun	Monkey
N	Nal	Horse shoe
O	Oğlak	Kid (baby goat)
Ö	Öğrenci	Student
P	Para	Money
R	Resim	Picture
S	Sandalye	Chair
Ş	Şeker	Candy, Sugar
T	Televizyon	Television
U	Uçak	Plane
Ü	Üzüm	Grape
V	Vazo	Vase
Y	Yıldız	Star
Z	Zürafa	Giraffe

Leylek

aBC ... aLFaBe THe TURKISH aLPHaBeT 2

Write the lower case letters in the blanks.

P 2.1

A ___   I ___   P___
B___   İ ___   R___
C___   J___   S ___
Ç___   K ___   Ş___
D___   L ___   T___
E___   M ___   U___
F___   N ___   Ü___
G ___   O___   V ___
Ğ___   Ö___   Y___
H___   Z___

Write the letters you hear in the blanks.

2.4a

P 2.2

1. _____
2. _____
3. _____
4. _____
5. _____
6. _____
7. _____
8. _____
9. _____
10. _____

2.4b

P 2.3

Write the words you hear.

1.
2.
3.
4.
5.
6.
7.
8.
9.
10.

Read the words aloud.

1. Vaşington
2. Ağrı
3. Karabağ
4. Kazablanka
5. Barış
6. Gökkuşağı
7. Ay
8. Güneş
9. Su
10. Çay

PRACTICE

21

Practice saying the following words and sentences.

1. Türkiye
2. Van Gölü
3. Kuzey Amerika
4. Su aygırı
5. Atlas Okyanusu
6. İngilizce
7. El çantası
8. Eğitim
9. Deniz
10. Kömür
11. Tilki
12. Kulak
13. Çatal

1. Adım Hasan.
2. Bahar geldi.
3. Barış güzel.
4. Dağlara kar yağdı.
5. Vizemiz var.
6. İngilizce konuş!
7. Hava sıcak.
8. Bilet aldık.
9. Hesap lütfen!
10. Gülümse!
11. Gökyüzü mavi.
12. Yangın var!

Fill in the blanks with the letters and words you hear.

2.5

P 2.4

1. Ço_uklar _ok e_leniyor.

2. Annem alı_ veri_ yaptı.

3. Otob_s gecikti.

4. U_akla İzmir'e gittik.

5. Saat ka_?

6. Ka_ve az _e kerli.

Circle the letters you hear.

2.6

P2.5

Example: a –ⓑ– c

1. a e ı   **2.** c ç g   **3.** k g r   **4.** s z ş

5. f t n   **6.** o u ü   **7.** v y z   **8.** r m n

PRACTICE

Circle the words you hear.

P 2.6

Example: kaz – gaz – (gez)

1. çanta manto şapka
2. saat kolye küpe
3. taksi şoför adres
4. otel terminal otobüs durağı
5. şarkı şiir öykü
6. uçak tren vapur
7. ekmek su tuz

Circle the words you hear.

P 2.7

Example kedi kuş (köpek)

1. futbol basketbol voleybol
2. okul hastane kütüphane
3. cami kilise okul
4. bakkal kasap manav
5. kapı pencere duvar
6. kalem defter silgi

NOTES

WWW

Turkish alphabet song

PRACTICE

Selamlaşma

Tanışma

```
M  U  D  L  O  N  U  N  N  E  M
T  I  Y  I  G  E  C  E  L  E  R
G  V  N  V  Z  B  Q  A  P  M  R
E  ü  X  I  Y  B  K  L  E  W  D
ç  D  N  N  A  D  R  G  D  N
K  M  T  ç  E  H  Y  M  X  D
R  R  R  ş  Y  A  S  D  K  J  Y
ü  G  O  N  B  D  Q  T  Q  V  Y
T  H  M  A  T  D  ı  R  L  K  B
L  R  G  T  D  B  N  N  Z  Z  V
```

1. You say when you see a person.

2. Greeting word that is used

   in the morning

3. You are learning ….

4. Not mine , not his

5. Glad to meet you

6. So long!

7. <u>You say it before you go to bed</u>

Learning Target	3 POINTS	1 POINT	0 POINT
I can read the Turkish Alphabet by heart.	I can do this easily	I can get my point across	I need to work on this
I can articulate each letter correctly.	I can do this easily	I can get my point across	I need to work on this
I can spell a Turkish word when I hear.	I can do this easily	I can get my point across	I need to work on this
I can respond to this question. "Adınız ne?"	I can do this easily	I can get my point across	I need to work on this
I can say a word a word in Turkish for each letter in the alphabet.	I can do this easily	I can get my point across	I need to work on this
I can say the Personal Pronouns in Turkish.	I can do this easily	I can get my point across	I need to work on this

EVALUATION

SIGHTS & SOUNDS 1

Denizli

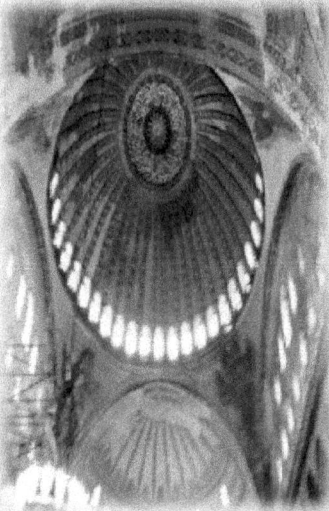

Istanbul

Izmir

Istanbul

Antalya

Istanbul

Turkey is a country which spans two continents. Istanbul, the biggest city of Turkey, is a bridge that connects east to west. Turkey is not only a physical bridge between the continents but also a cultural bridge. Having been a cradle to many civilizations, Turkey has plenty of historical sites that date back to ancient civilizations. The population of Turkey is around 80 million and, the currency is TL (Turkish Lira). The capital of Turkey is Ankara.

WWW Read more online:

To get more information about the places on the pictures search on internet the words: *Ephesus, Hagia Sophia. Pamukkale, Antalya, Topkapi*

🔊 3.1

Merhaba Tolga. Nasılsın?

Ben de iyiyim. Teşekkür ederim.

Merhaba Ahmet Bey. İyıyim, teşekkürler. Sız nasılsınız?

Practice (memorize)

* Nasılsın? *How are you?*

* İyiyim. *I am fine.*

Ahmet : Hello Tolga. How are you?

Tolga: Hello Ahmet. I am fine, thanks. How are you?

Ahmet: I am fine too. Thank you

As you can see, " **Nasıl**?" means "HOW". In Turkish language suffixes are added to the nouns and verbs are declined. For each personal pronoun there is a different ending; (–sın) for the second person singular (you).

When we say "Nasılsın?" , we mean, How are you?

Similarly, the word **"iyi"** means " good or fine" When we say "iyiyim", it means, 'I am well.'

DIALOGUE

 3.2

Merhaba Tolga. Nasılsın?

İyiyim Ahmet. Sağ ol. Sen nasılsın?

Ben de iyiyim. Nasıl gidiyor?

Fena değil.

Bu akşam görüşürüz.

Tamam hoşça kal.

Hoş geldin(iz)	→	Welcome
Hoş bulduk	→	Response to Hoşgeldiniz
Hoşça kal	→	Good bye
Görüşürüz	→	See you later
Güle güle	→	Bye
Görüşmek üzere	→	See you later

DIALOGUE

In this dialog we see a new expression "**Sağ ol**". This literally means be safe, be good. It is a very common way of saying thank you. (more colloquial). Another new expression is "**Nasıl gidiyor?**" which means *How is it going*? And , the response "**fena değil**" means *Not bad*.

Hayır, yorgun değilim.

Ahmet, hasta mısın? *Ahmet, are you sick?*

Yourgun musun? *Are you tired?*

Peki, neden üzgünsün? *So, why are you sad?*

Hayır, hasta değilim. *No, I am not sick.*

Hayır, değilim. *No, I am not.*

Üzgün değilim. Acıktım. *I am not sad. I am hungry. (I got hungry)*

🔊 **3.3**

The particle –mu (mi,mı ,mü) is used to make questions. It is also declined according to subject, and the tense. *Example ;* **Hasta mısın? Yorgun musun ? Turist misiniz ? Mutlu mu?**

The word **değil** means *not*. And, it is declined just like other nouns and adjectives in Turkish. It makes the sentences negative, as seen in the dialog above. Example; **Aç değiliz.** *We are not hungry,* **Haklı değilsiniz.** *You are not right.*

ŞAHIS ZAMİRİ	İSİM/SIFAT	DEĞİL	Vocabulary
Ben	doktor	değilim.	Doktor; doctor
Sen	yaşlı	değilsin.	Yaşlı; old (genç;young)
O	burada	değil.	Burada; (here, in here)
Biz	misafir	değiliz.	Suçlu; guilty (masum; innocent)
Siz	suçlu	değilsiniz.	Haklı; right (you are right)
Onlar	İngiliz	değil(ler).	Mutlu; happy

PRACTICE

29

P 3.2 Complete the following sentences using the correct personal pronouns (*Şahıs Zamirleri*)

1. _____ bilgisayar mühendisiyim. Doktor değilim.

2. Teşekkür ederim. _____ çok naziksiniz.

3. Şu anda _____ Amerikda değiliz. Fransadayız.

4. _____ çok tembel bir öğrenci değil.

5. Evet efendim. _____ haklısınız.

6. Babam _____ şimdi evde değil.

7. Mahmut _____ yaşlı değilsin.

8. Arabanız ____ hızlı ve rahat.

P 3.3 Unscramble the words to make sentences.

1. de**ğiller** - iş**çiler** –da- fabrika

2. toplantı**da** – sen- şi**mdi** – m**ısın**-

3. Jack – mı – bir – iyi – **şark**ıcı

4. Mu – bowling- oyun – bir – güzel ve e**ğlenceli**

5. mı – acı - yemekler

Vocabulary

Bilgisayar mühendisi: *computer engineer*

Şu anda: *at the moment*

Haklı: *right*

Şimdi" *now*

Hızlı; *fast*

Rahat: *comfortable*

Fabrika: *factory*

Toplantı: *meeting*

Şarkıcı: *singer*

Eğlenceli: *amusing*

Acı: *spicy (hot)*

Sanırım buralı değilsiniz!

Hayır , değilim.

I think , you are not from here.

No. I am not.

P 3.4 Match the columns to make sentences.

1. Siz Amerikalı	a. değilim.	**Vocabulary**
2. Ben İtalyan	b. mısınız?	**Uzak;** *far*
3. Evimiz çok uzakta	c. değiliz.	**Zeki:** *intelligent, smart*
4. Ayşe zeki bir öğrenci	d. değil, yakında.	**Yabancı:** *stranger, foreigner*
5. Biz yabancı	e. mi?	**Hazır;** *ready*
6. John, sen hazır	f. mısın?	**Japonca:** *Japanese language*
7. Ana diliniz Japonca	g. mısın?	**Buralı:** *from here*
8. Siz buralı	h. mı?	
9. Alo! Sam, şu anda Ankara'da	i. değilsiniz.	
10. Merhaba, Sevgi Hanım siz	j. misiniz?	

3.4 Answer the following questions about you.

1. **İngiliz misiniz?**
2. 40 yaş**nda mısınız?**
3. Tok musunuz?
4. Evli misiniz?
5. İyi misiniz?
6. Yolcu musunuz?
7. Mutlu musunuz?
8. Zengin misiniz?
9. Sağ**lıklı mısınız?**
10. Yak**ında mısınız?**

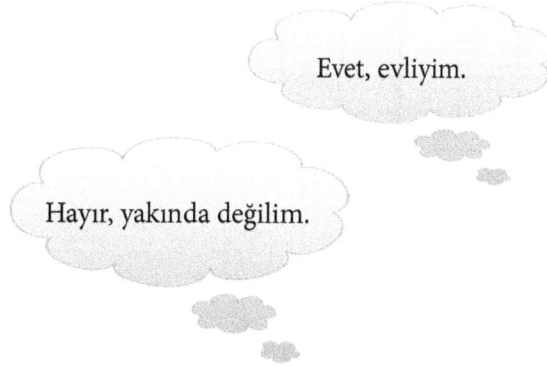

Evet, evliyim.

Hayır, yakında değilim.

TEACHING/LEARNING : This exercise can be done as a pair or group activity. Each question can be written on small pieces of paper. The students/learners take one randomly. They read the questions aloud and answer. Alternatively, they can come up with their own questions and pick them randomly.

Antonyms

Find the English antonym of the words in Turkish

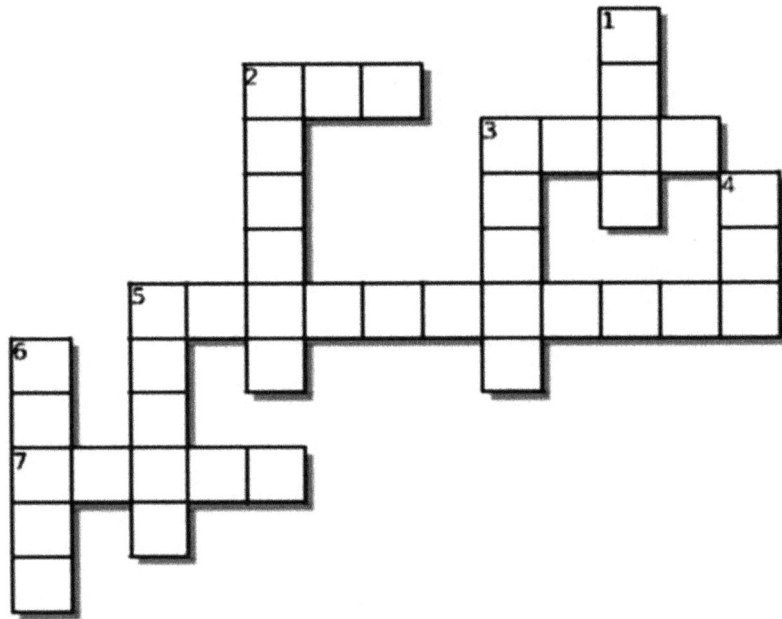

ACROSS

2 Soğuk
3 Hızlı
5 Tembel
7 Dolu

DOWN

1 Zengin
2 Tok
3 Uzun
4 Küçük
5 Üzgün
6 pahalı

Bugün hava nasıl? *What is the weather like today?*

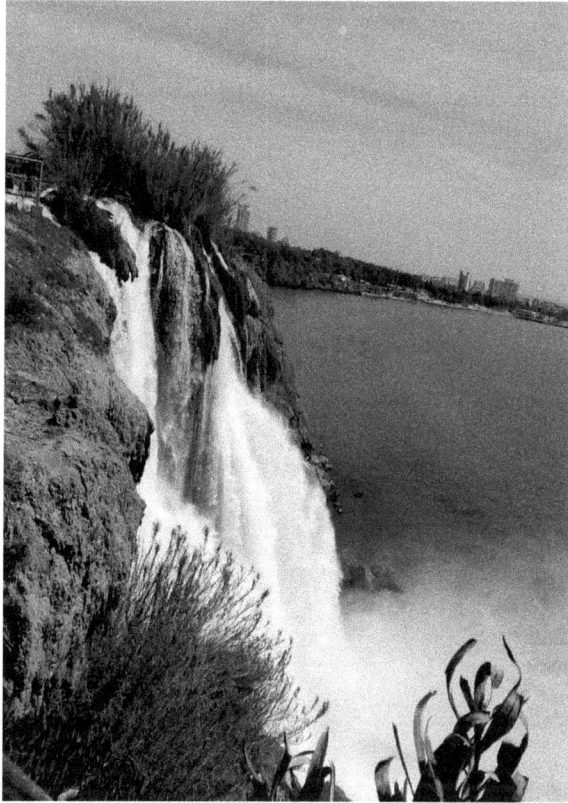

Antalya'da hava bugün soğuk ve yağmurlu mu?

Hayır, soğuk değil. Hava bugün açık ve güneşli.

In Turkey, to ask about the weather, people ask **"hava nasil?** (How is the weather?) And, the answer is usually **soğuk** *(cold),* **sıcak** *(warm),* **kapalı, açık** (clear), **yağmurlu** *(rainy)* etc.

Antalya is a beautiful coastal city in the south of Turkey. It is one of the greatest tourist attractions in the world. Antalya is visited by millions of tourists from around the world every year.

PRACTICE

33

3.5 P 3.1 Match the columns to make sentences.

1. Orada hava nasıl?
2. Texas sıcak mı?
3. Antalya soğuk mu?
4. Trabzon yağmurlu mu bugün?
5. Bakü rüzgarlı mı?
6. Alex, Oklahoma'da hava nasıl?

a. Evet, rüzgarlı.
b. Hayır, yağmur yok ama bulutlu.
c. Oklahoma'da şiddetli rüzgar var.
d. Evet biraz sıcak.
e. Hayır Antalya soğuk değil.
f. Hava burada çok güzel.

Vocabulary

Rüzgarlı; windy

Biraz; some, a little

Şiddetli; strong, severe

Güzel;beautiful, nice

Ama; but

Bulutlu; Cloudy

The words *az* and *çok* are used to talk about quantity as in the following sentences.

Arabanız çok güzel. *Your car is very beautiful.*

Hava güzel, sadece biraz nemli. *The weather is nice. Just a little humid.*

Yollarda çok buzlanma var. *There is a lot of icing on the roads.*

Türkçe çok kolay. *Turkish is very easy.*

Antalya'da hava açık ve güneşli.
 -Güneşli
 - açık ve güneşli
 - hava açık ve güneşli-
Antalya'da hava açık ve güneşli.

Practice, saying the sentences in this exercise several times, until you think you pronounce the words correctly.

Bursa'da hava soğuk ve yağmurlu.
 -Yağmurlu
 - soğuk ve yağmurlu
 - hava soğuk ve yağmurlu
 - Bursa'da hava soğuk ve yağmurlu.

PRACTICE

Make similar conversations, completing this short dialog with expressions about weather.

_____ te hava _____.

_____ te hava nasıl?

I am well.

İyiyim!

" Teşekkür ederim. İyiyim"*(Thank you. I am well)* **is a very common response to "Nasılsın?"***(How are you?)* İYİ + Y + im.

To make sentences like, "I am fine, you are sad, she is tall", etc, you need to say the personal pronoun (or the subject) first, then the adjective and the ending. Let's see how to decline adjectives with different subjects.

Ben **iyiyim.**	*iyi + y + im*
Sen **üzgünsün.**	*üzgün + sün*
O **uzun.**	*uzun*
Biz **açız.**	*aç + ız*
Siz **toksunuz.**	*tok + sunuz*
Onlar **yaşlı.**	*yaşlı(lar)*

Here are some more adjectives. Can you figure out how we say,

"I am sick" in Turkish?

3.6

MUTLU	*happy*
ÜZGÜN	*sad*
KIZGIN	*angry*
HASTA	*sick*
AÇ	*hungry*
ÇALIŞKAN	*hard working*
HEYECANLI	*excited*
TEMBEL	*lazy*
BÜYÜK	*big*
KÜÇÜK	*small*
PAHALI	*expensive*
UCUZ	*cheap*
BOŞ	*empty*
DOLU	*full*
SOĞUK	*cold*
SICAK	*hot*

Küçük ev	*Small house*
Büyük şehir	*Big city*
Kırmızı elma	*Red apple*
Zengin adam	*Rich man*
Genç bayan	*Young woman*
Hızlı araba	*Fast car*
Kara tren	*Black train*
Soğuk su	*Cold water*

Adjectives always precede the nouns in Turkish as in the example "Hızlı araba, *fast car*". Nouns become plural by getting the suffix –ler or -lar depending on the last syllable like; araba**lar** (cars), kedi**ler** (cats) and çocuk**lar** (children).Adjectives do not get plural.

Hızlı bir araba	*a fast car*	**Güzel bir şehir**	*a beautiful city*	**Eski bir ev**	*an old house*
Hızlı arabalar	*fast cars*	**Güzel şehirler**	*beautiful cities*	**Eski evler**	*old houses*

PRACTICE

35

I am sick.

Hastayım

The endings have different vowel sound depending on the last syllable of the word. As in

iyi – yim, tok- sunuz, and **aç –ız.**

It occurs because of a simple rule (*vowel harmony in Turkish Language*) But, you can learn it easily just following the table below.

3.7

	a,ı	e,i	o,u	ö,ü
Ben	Hasta-y-ım	İyiyim	tokum	Küçü-ğ-üm
Sen	Hasta-sın	İyisin	toksun	küçüksün
O	Hasta	İyi	tok	küçük
Biz	Hasta-y-ız	İyiyiz	tokuz	Küçü-ğ-üz
Siz	Hasta-sınız	İyisiniz	toksunuz	küçüksünüz
Onlar	Hasta-lar	İyiler	toklar	küçükler

Note: In Turkish we cannot have two vowels together in one syllable unless they are borrowed words from other languages. So we have **–y** for buffering as in

hastayım   **not** hastaım

yaşlıyım,

iyiyim

If a noun ending in "k" is added the suffix –um, -üm, -ım, or im, the letter "k" turns to "Ğ" in the 1st person singular and plural.

Ben küçüküm.   Ben küçüğüm.

Vocabulary

Aç: *hungry*

Tok: *full*

(not hungry)

Küçük: *small*

Büyük: *big*

Hasta: *sick*

İyi: *well*

Yaşlı: *old*

MUTLUYUM! *I am happy!*

> Merhaba arkadaşlar!
>
> Ben Scott. Turistim.
> İstanbul'dayım ve mutluyum.
>
> Siz nasılsınız?

Complete the following conversations.

Bilal: İyi akşamlar Ali Bey._____
_____ _____ .

Ali: Ben de memnun oldum Bilal.
_____.

Bilal: Hoşçakalın.

Thomas: Günaydın Clara. Nasılsın?

Clara: Günaydın Tom _____
_____. Sen nasılsın?

Thomas: Ben de _____ . Teşekkür ederim

Fill in the chart using the correct ending of the adjectives.

Ben	üzgün**üm**						
Sen		yaşlı**sın**					
O			zengin				
Biz				turist**iz**			
Siz					Fransız**sınız**		
Onlar						evde**(ler)**	
Sen ve John							arkadaş**sını**

Question words like "**Kim, Nerede, Nasıl**" can also be declined as in the examples
:**Kim siniz**? *Who are you?* **Neredesin?** *Where are you?* And **Nasılsınız?** *How are you?*

Read this telephone conversation.

Evde: at home

Fransız: French (Nationality)

Arkadaş: Friend

Kardeş: (Sibling)

Okulda: at school

> Alo. Kimsiniz?

> Sağol, iyiyim. Neredesin!

> Merhaba Ayşe! Ben Esra. Nasılsın?

> Okuldayim.

Learning Objectives	3 POINTS	1 POINT	0 POINT
I can talk about myself using some adjectives.	I can do this easily	I can get my point across	I need to work on this
I can use the suffix for the verb 'be" in present with words and adjectives.	I can do this easily	I can get my point across	I need to work on this
I can ask and answer the question. "Nasılsınız?"	I can do this easily	I can get my point across	I need to work on this
I can respond to this question. "Adınız ne?"	I can do this easily	I can get my point across	I need to work on this
I can talk about the weather.	I can do this easily	I can get my point across	I need to work on this
I can ask questions using the suffix '-mu.'	I can do this easily	I can get my point across	I need to work on this

EVALUATION

38

Objective: By the end of the chapter, you will be able to:
• describe family members
• use genitive case and verb "to have" in simple sentences

FAMILY TREE
Aile Ağacı

Murat

Sultan

Asım

Asuman

Ayşe

Aslı

Yusuf

Merhaba. Ben Asım İnan. Doktorum. Evliyim. Eşim Asuman ingilizce öğretmeni. Yalova'da oturuyoruz. Bir kızım ve bir oğlum var. Kızımın adı Aslı oğlumun adı Yusuf.

Hello. I am Asım İnan. I am a doctor. I am married. My wife, Asuman is an English teacher. We are living in Yalova. I have a daughter and a son. My daughter's name is Aslı, and my son's (name) is Yusuf.

4.2

"Var" is used to talk about possession and that "there is" something, as in the examples;

Bir arabam var. *I have a car.* (Benim bir arabam var.)

İki kızkardeşim var. *I have two sisters.* (I have my two sisters.)

Çok arkadaşın var. *You have many friends.*

Ağaçta elmalar var. *There are apples in the tree.*

Sınıfta öğrenciler var. *There are students in the classroom.*

To make questions particle '-*mı*' or '-**mu**' is followed by *var* or *yok*.

Example: 1. A. **Paran var mı?** *Do you have money? (Para is money. Paran; your money)*

        B. **Hayır. Param yok.** *No. I don't have money.* (Param;my money)

    2. **Onların evi yok mu?** *Do they not have a home?*

    3. **İstanbul'da havaalanı var mı?**

Practice saying the following sentences in Turkish.

1. I have an elder brother. Do you have a sibling?

2. I don't' have a cat.

3. Do you not have a dog?

4. There is a famous tower in Paris.

PRACTICE

Vocabulary (Family)

Anne: mother

Baba: father

Kardeş: *sibling*

Amca: uncle (paternal)

Dayı: *uncle (maternal)*

Hala: aunt (paternal)

Teyze: aunt (maternal)

Yeğen: *nephew, niece*

Dede: grandfather

Nine: grandmother

Torun: grandchild

Abla: sister (elder)

Abi (ağ*abey);brother* (elder)

Eş: *spouse*

Kedi: cat

Köpek: dog

Hande'nin bisikleti beyaz *Hande's bicycle is white* **4**

4.3

Possessive Case:

Remember the endings for possession:

Benim   iş-im

Senin   iş - in

Onun   iş - i

Bizim   iş - imiz

Sizin   iş - iniz

Onların iş – leri

> Benim bisikletim beyaz.
>
> Ahmet'in bisikleti mavi.

> Benim bisikletim mavi.
>
> Hande'nin bisikleti beyaz.

The genitive case (possessive) endings are *–ın, -in, -un* and *–ün*.

Example: *Ahmet'in, (Ahmet's), New York'un (of New York), Kitabın (**of the book**)*

If the words end in a vowel –n precedes the ending as in, *Hande'nin (Hande's), Oklahoma'nın (**of Oklahoma**), arabanın (of the car)*

4.4

Practice: 4.1 A. Write the phrases you hear.

1. _____   (the author of the book)

2. _____   (the end of this month)

3. _____   (the half of the apple)

4. _____   (the bottom of the page)

5. _____   (the mother of the child)

6. _____   (the amount of the money)

7. _____   (the rent of our house)

Practice: 4.1 B. Complete the following phrases with appropriate genitive case endings.

1. Okul _ kapısı   (the door of the school)

2. Müze _ önü   (the front of the museum)

3. Bina _ arkası   (the back of the building)

4. Kuş _ *kanadı*   (*the wing of the bird*)

5. Arabam _ tekeri   (the wheel of my car)

6. Çayım _ *şekeri*   (*the sugar of my tea*)

7. Arkadaşı*m* _ adı *(the name of my friend)*

PRACTICE

41

Karlıdağ Ailesi / *The Karlıdağs*

Murat Karlidağ | Sultan Karlidağ

B. Read the text and complete
P4.2 the following sentences about
the Karlıdağ family using the
words below.

1. Murat Asım'ın babası
2. Sultan Asım'ın annesi
3. Asım Asuaman'ın kocası
4. Asuman Asım'ın karısı
5. Sibel Kemal' _ _____
6. Adnan Ayşe'__ ____
7. Yusuf Murat'__ torunu
8. Murat Yusuf__ _____
9. Asım Rukiye' __ _____

A. Read the text and complete the family tree.

Sultan Hanım ve Murat Bey evliler. Onların bir kızı ve bir oğlu var. Sultan Hanım ve Murat Bey'in oğlu Asım Bey, Asuman Hanımla evli. Onların kızı Sibel Hanım, Kemal Bey ile evli. Sibel Hanım ve Kemal Bey'in üç çocuğu var; isimleri Adnan, Ayşe ve Rukiye.

> Sultan Hanım and Mrat Bey are married. They have a daughter and a son. an Hanım ve Murat Bey's son Asım Bey is married to Asuman Hanım. Their daughter Sibel Hanım is married to Kemal bey. Sibel Hanım and Kemal bey have three children; their names are Adnan, Ayşe and Rukiye.

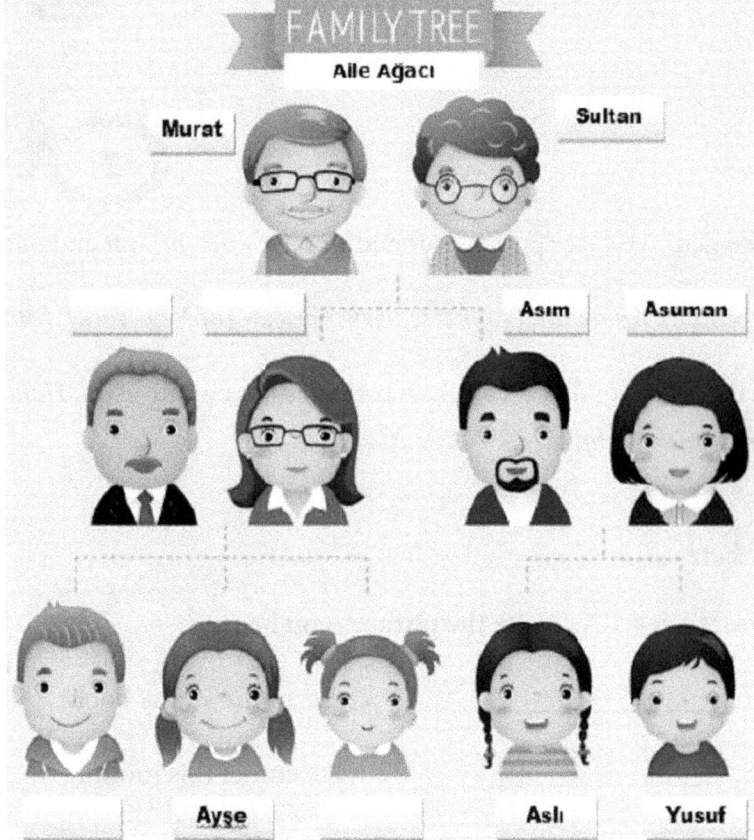

In formal conversations, the words *Bey (Mr., gentleman, Sir)* and *Hanım (Madam, lady)* are used after first names or full names. *Sibel Hanım, Kemal Bey*

'*Ve*' and '*ile*' are conjunctions; they join words and sentences. While both '**Ve**' and '**ile**' may mean **and**, '**ile**' also means **with**. *İle* can be contracted. If the word ends in a vowel letter **i** dropped. If the word ends in a vowel **y** is used to buffer.

Ahmet ve Ayşe, Ahmetle Ayşe ,   **Araba ile;** *arabayla, (with car)*   *kalem ile; kalemle (with pencil)*

Resim hakkındaki cümleleri okuyun. Eğer doğru ise D yanlıış ise Y yazın. *Read the following sentences about the picture. If the statements are true write D, if they are false, write Y*

P4.3A

1. Resimde arabalar var. _____

2. Resimde bir kedi yok. _____

3. Yüksek binalar var. _____

4. *Ağaçlar var.* _____

5. Uçak yok. _____

6. Kar var. _____

P 4.3B Doğru cevabı işaretleyiniz. *Mark the correct answers.*

7. Resimde köpek var mı? *Evet var.* *Hayır yok.*

8. Resimde otobüs var mı ? *Evet var.* *Hayır yok*

9. Okul var mı? Evet var. *Hayır yok*

_____

Vocabulary
Yüksek; high, tall
Bina; building
Ağaç; *tree*
Resim; picture
Okul; school
Otobüs; bus
Doğru; *correct*
Yanlış; *incorrect, wrong*

Suffix **–ler. –lar** makes the word plural that follows it. **Araba, Arabalar** (car, cars) Ağaç Ağaçlar

Suffix **- de, -da** is for locative case. Resimde, Araba**da**, Okulda (in the picture, in the car, in the school)

Nasılsın?

Find the words in Turkish

```
ü Z G ü N ü M H
N ı S L ı S A N
Ş Q D Y A S V P
L ı A I T A A B
N D L A R H E M
Y E Y N A Y Q J
M ı W L A P R Z
M T ı Z M Y B J
```

1 How are you?
2 Your mother's
   brother is your...
3 My family
4 not correct

5 Snow ......
6 There is
7 I am sorry
8 Expensive
9 I am sick

Draw your family tree and write 4-5 sentences describing your family.

You can make sentences like, *I have a brother. My sister's name is...*

1. *Kız kardeşimin adı* _____

2.

3.

4.

P 4.4 Match the sentences with translations.

1. She has a large family.

2. I don't have white socks.

3. There are two cats in the yard.

4. I am not single. I am married.

5. Asım *is a 24 year old young businessman.*

a. Bahçede iki kedi var.

b. Onun büyük bir ailesi var.

c. *Asım 24 yaşında genç bir* işadamı.

d. Benim beyaz çoraplar*ım* **yok.**

e. Bekar değ*ilim. Evliyim*

Learning Target	3 POINTS	1 POINT	0 POINT
I can describe my family members.	I can do this easily	I can get my point across	I need to work on this
I can use genitive forms of the nouns.	I can do this easily	I can get my point across	I need to work on this
I can ask for someone's name.	I can do this easily	I can get my point across	I need to work on this
I can respond to this question. "Adınız ne?"	I can do this easily	I can get my point across	I need to work on this
I can respond conveniently after meeting someone.	I can do this easily	I can get my point across	I need to work on this
I can say the Personal Pronouns in Turkish.	I can do this easily	I can get my point across	I need to work on this

Mustafa Kemal Atatürk, Türkiye Cumhuriyeti'nin kurucusu ve ilk Cumhurbaşkanıdır.

Mustafa Kemal Atatürk is the founder and the first president of the Turkish Republic.

Türk Bayrağı iki renklidir; kırmızı ve beyaz. Türk Bayrağı, kırmızı zemin üzerine beyaz ayyıldızlı bayraktır

The Flag of Turkey (Turkish Flag) has two colors; red and white. It consists of a red field (background) with a white star and crescent in the center.

WWW Read more online:

To get more information about the places on the pictures search on internet the words: *Atatürk, Bayrak, Anıtkabir, istiklal marşı*

47

Istanbul, Turkey - Grand Bazaar ,   Pellinni©123RF.com"

Kaç Yaşındasın? HOW OLD are YOU?

5.1

Afedersiniz! Portakalın kilosu kaça?
Excuse me! How much is a kilo of oranges?

İki lira efendim. Two Liras, Madam.

Buyrun, beyfendi.
Here you are, Sir.

Teşekkür ederim.
Thank you..

Melek, sen kaç yaşındasın?
Melek, how old are you?

Beş yaşındayım.
I am five years old.

Can, senin kaç kardeşin var?
Can, how many siblings do you have?

üç kardeşim var.
I have three siblings.

DIALOGUE

In Turkey, although there are big shopping centers and supermarkets, small shops and public markets are still popular. To ask of the price of something, expressions like '**kaça**',(for how much)' **kaç para**'(how much money) or '**kaç lira**' (how many liras?) are used.

Example: Domatesin kilosu kaça?/kaç lira?

Bu kitabın fiyatı ne kadar? What is the price of this book?

Kaç is used also to ask about the number or aamount of things, as in,

Kaç yaşındasın? How old are you?(Literally; What age are you at?)

On yaşındayım. I am ten years old.

Ne kadar =how much

Kaç tane = how many

5.2

Adı	: Jean
Soyadı	: Dupont
Doğum Yeri	: Paris
Doğum Tarihi	: 25 Eylül 1991

Benim adım Jean. Soyadım Dupont. Ben yirmi yedi yaşındayım. Doğum yerim Paris. Doğum tarihim yirmi beş eylül bin dokuz yüz doksan bir. Doğum günüm 25 Eylül.

VOCABULARY & READING

P 5.1   Aşağıdaki soruları metne göre cevaplayınız. *Answer the questions about the text.*

1. Jean'ın soyadı ne?   _____

2. Jean nereli?   _____

3. O kaç yaşında?   _____

4. Onun (Jean'ın) doğum tarihi ne?   _____

SAYILAR *Numbers*   5.3

0 SIFIR	11 ONBİR	10 ON	1000	YÜZ
1 BİR	12 ONİKİ	20 YİRMİ	1000	BİN
2 İKİ	13 ONÜÇ	30 OTUZ	10.000	ONBİN
3 ÜÇ	14 ONDÖRT	40 KIRK	100.000	YÜZBİN
4 DÖRT	15 ONBEŞ	50 ELLİ	1.000.000	BİR MİLYON
5 BEŞ	16 ONALTI	60 ALTMIŞ		
6 ALTI	17 ONYEDİ	70 YETMİŞ		
7 YEDİ	18 ONSEKİZ	80 SEKSEN		
8 SEKİZ	19 ONDOKUZ	90 DOKSAN		
9 DOKUZ	20 YİRMİ	100 YÜZ		
10 ON	21 YİRMİBİR	200 İKİYÜZ		
	22 YİTMİİKİ	300 ÜÇYÜZ		

Aylar *Months*   5.4

Ocak/Jan	Şubat/Feb	Mart/Mar	Nisan/Apr	Mayıs/May	Haziran/Jun
Temmuz/Jul	Ağustos/Aug	Eylül/Sep	Ekim/Oct	Kasım/Nov	Aralık/Dec

5.5

Bu günün tarihi ne?

Bugün, Yirmi üç Nisan iki Bin On Sekiz , Pazartesi

PRACTICE

> ## Rica ederim!
> (Bir şey değil.)

> ## Çok teşekkür ederim!

P5.2

1. _i_ **Yaşınız kaç beyfendi?** *How old are you, Sir?*

2. ___**Kaç yıldır Ankara'dasınız?** *How long have you been in Ankara? (Literally;For how many years are you in Ankara?)*

3. _J_ **Bu evin fiyatı ne kadar?** *How much is this house?*

4. ___**Otobüste kaç yolcu var?** *How many passengers are there in the bus?*

5. ___**Bir ayda kaç gün var?** *How many days are in a month?*

6. ___**Ankara İstanbul arası kaç kilometre?** *How long is the (distance) between Istanbul and Ankara? (How many kilometers?)*

7. ___**Dünyada kaç ülke var?** *How many countries are there in the world?*

8. ___**Türkiye'nin nüfusu kaç?** *What is the population of Turkey?*

9. ___**Ne kadar paranız var?** *How much money do you have?*

10. ___**Bu ne kadar?** *How much is this?*

a. Otuz 30 gün var.

b. Yaklaşı*k seksen milyon.*

c. Bilmiyorum.

d. Üç yüz Amerikan Dolar*ım var.*

e. Yedi yüz kilometre

f. On yı*ldır.*

g. Elli iki yolcu var.

h. Bir fikrim yok.

i. Yaş*ım* 35. (*Otuzbeş yaşındayım.*)

j. Sanı*rım yüz elli bin Türk* Lirası.

Yaklaşık: *approximately,* **Bilmiyorum:** *I don't know.* **Amerikan Doları:** *USD,* **Türk Lirası:***Turkish Lira,* **Bir fikrim yok.:** *I have no idea,* **Sanırım:** *I think, I suppose,* **Yıl:** *year,* **Ay:***month,* **Gün:***day* **Ülke:** *country* **Nüfus:***Population*

Ankara'da, Otobüste, Dünyada : *in Ankara, in the bus, in the world*

PRACTICE

Complete the dialog below:

> Bu oyuncak ayı _____?

> Elli Türk Lirası.

> Teşekkür ederim.

> Bir ___ ___?

There are several different ways of saying thank you in Turkish. You can often hear people say:

Teşekkür ederim. *Thank you.*

Sağol. Be safe

Teşekkürler. *Thanks*

Eline Sağlık.

Allah razı olsun. *May God be pleased with you. And* in reply to thanks, you can say "*Bir şey değil*" or "*Rica ederim.*"

52

5.6

MEVSİMLER *Seasons*

İlkbahar *Spring*	
Yaz *Summer*	
Yaz *Summer*	
Kış *Winter*	

The words ending in

a, ı, o, u , followed by – da and

e, i, ö, ü followed by -de.

After f,s,t,k,ç,

ş,h,p -te, -ta is added to the last syllable

Ocak'ta, *in January*

Eylül'de *in September*

Temmuz'da *in July*

The words *''ad, soyad, yaşında, doğum tarihi''* are declined using the suffixes according to the subject.

Biz **Ankaralı**yız. *We are from Ankara.*

Siz **öğretmen**siniz. *You are teachers*

Onlar **yorgun**(lar). *They are tired.*

O **otuz iki yaşında.** *He /She is thirty two years old.*

Benim **adım Ali**. *My name is Ali.*

Senin **doğum tarih**in **7 Mart 2009.**

Your date of birth is 7 March 2009.

5.7

P5.3a Dinleyin ve duyduğunuz sayıları yazın. *Listen and write the numbers you hear.*

Example: 56

1.
2.
3.
4.
5.
6.
7.
8.
9.
10.

5.8

P5.3b Dinleyin ve duyduğunuz sayıları işaretleyin. *Listen and circle the numbers you hear.*

1. **352 - 10 - 70 81**
2. **79 - 45 - 22 - 16**
3. **333 - 323 - 232**
4. **8 - 12 - 9 - 201**
5. **1973 - 2016 - 1990**
6. **10.000 - 21.000**
7. **99 - 999 - 9999**
8. **1492 - 775 - 605**
9. **306 - 707 - 808**
10. **22 - 77 - 66 - 54**

Diyaloğu okuyun ve benzer bir diyalog yapın. *Read the conversation and make a similar conversation.*

Telefon numaranız kaç, efendim?

Cep telefonum 352 345 77 04

Teşekkür ederim. Buyrun anahtarlarınız.

Oda numaranız 444.

Oda numaram kaç?

PRACTICE

WORD SEARCH

Kelimeler / Vocabulary
Find the hidden words in Turkish

```
M I R E D E R ü K K E ş E T
R Q T A L Z Y H B J G Q T L
A S Z D H ı M Z A Z ü D G L
D Y O K L A M L B F N T R Y
A A M N ı J B Y D G T D T Z
K Z T Z B ş Y K D W N A V Y
E R M B B A T G L B N T N R
N Q B D P L H P R İ J ü M V
R P M R O P M A M ç G L L R
L Y L ğ M V G P R U A D J L
D X A V L T K T B P V K P M
K S D N B M Q J R Y D Y A B
```

How many
how much
Spring
Summer
Fall
Winter

Month
Year
Day
Week
Today
Thank you
Be safe

CROSSWORD

Sayılar / Numbers
Write the numbers in Turkish

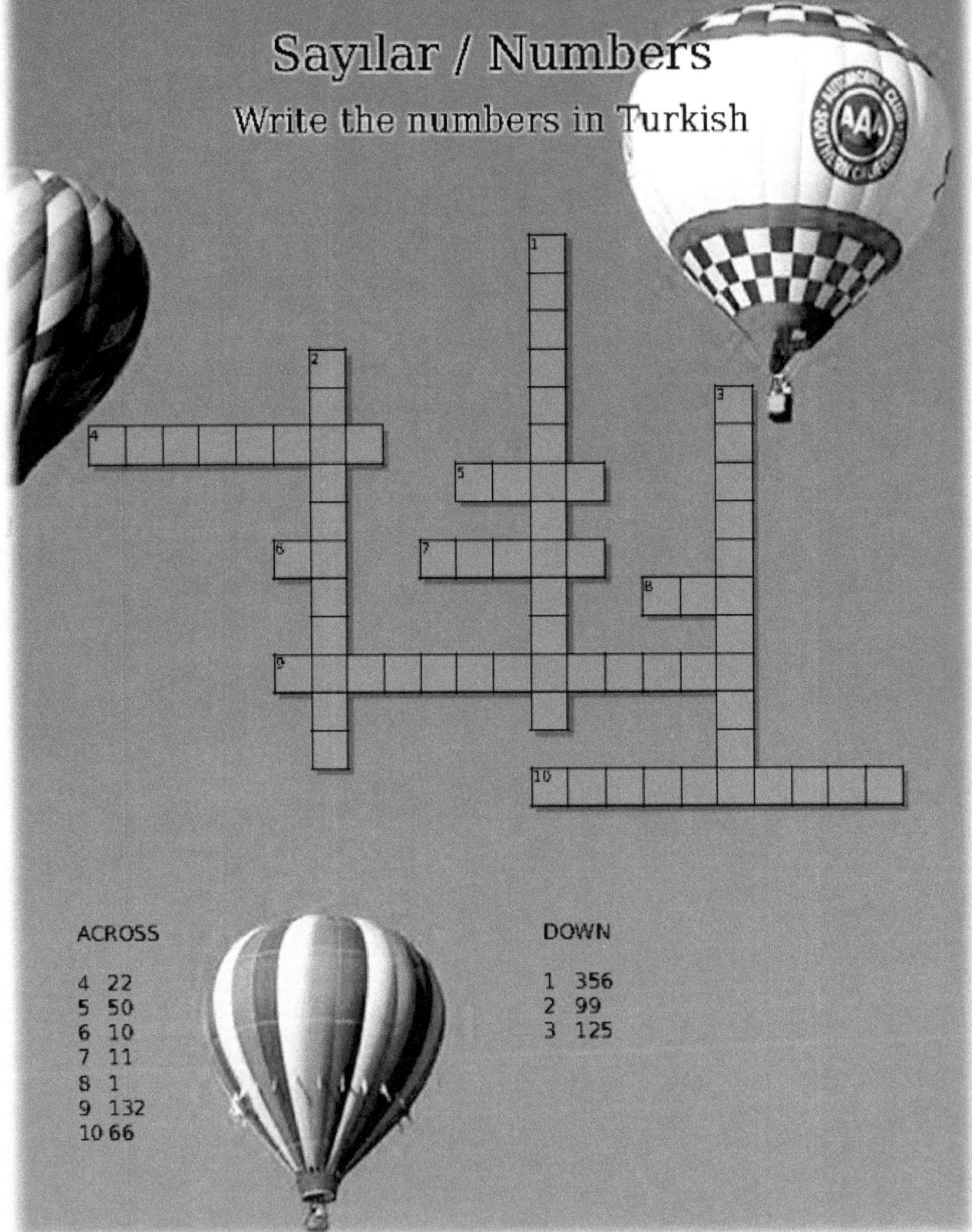

ACROSS

4 22
5 50
6 10
7 11
8 1
9 132
10 66

DOWN

1 356
2 99
3 125

WORD SEARCH

Learning Target	3 POINTS	1 POINT	0 POINT
I can introduce myself to others in Turkish.	I can do this easily	I can get my point across	I need to work on this
I can greet someone both formally and informally.	I can do this easily	I can get my point across	I need to work on this
I can ask for someone's name.	I can do this easily	I can get my point across	I need to work on this
I can respond to this question. "Adınız ne?"	I can do this easily	I can get my point across	I need to work on this
I can respond conveniently after meeting someone.	I can do this easily	I can get my point across	I need to work on this
I can say the Personal Pronouns in Turkish.	I can do this easily	I can get my point across	I need to work on this

nerelisin? ► WHERE ARE YOU FROM?

Objective: By the end of the chapter, you will be able to:
• ask and answer questions about nationalities, cities, languages
• use suffixes –li, lu for nationalities and –de, -da for location after the nouns
• make sentences in present progressive tense using the suffix -iyor after the infinitives

🔊 **6.1**

Çinliyim.

Faslı

Afrikalıyım.

İstanbullu

Kanadalıyım.

Londralı

VOCABULARY

59

Çin	→ China	Çinli	→ Chinese (from China)
Fas	→ Morocco	Faslı	→ Moroccan (from Morocco)
Londra	→ London	Londralı	→ From London
Kanada	→ Canada	Kanadalı	→ Canadian (from Canada)

6.2

Merhaba. Adım Alex. Amerikalıyım. Sen nerelisin?

My name is Alex. I am American. Where are you from?

Adım Akio. Japonyalıyım.

My name is Akio. I am from Japan.

Amerika'da mı yaşıyorsun?

Are you living in America?

Evet uzun zamandır Tulsa'da oturuyorum. Sen?

Yes. I have been living in Tulsa for a long time. You? (How about you?)

Tanıştığımıza memnun oldum Alex. Hoşçakal!
Nice to meet you Sarah. Bye!

Ben New Yorkluyum ama altı yıldır Teksas' ta oturuyorum.

I am from New York but I have been living in Texas for six years

Ben de memnun oldum Akio. Güle güle.

Nice to meet you too, Akio. Bye –bye.

DIALOGUE

60

nerelisin? ▸ WHERE ARE YOU FROM? 6

"Nerelisin?" means "Where are you from?" Literally, **Nere** is where, "**Nereli?**" is from where. And,

-**sin** is a suffix that is used to mean you.

In Turkish language most question words can be declined like verbs or adjectives. We use suffixes. You can know who the subject is and if they are singular or plural.

You will also notice that **Amerikalı** is American and **Japonyalı** is Japanese.

* Suffixes **–lı,- li,- u,- lü** are added at the end of the name of the names of location. And suffixes **–ce, -ca,- çe,-ça** are used to make the name of languages. (See the chart below)

** In Turkey,oftentimes, people mean USA by *Amerika* while USA is *Amerika Birleşik Devletleri* in Turkish.

When suffixes –de, - da, - te, - ta **come in the end of the name of a place, they mean in or at.**

Tulsa'da	in Tulsa	**evde**	at home
Pekin'de	in Beijing	**okulda**	at school
Asya'da	in Asia	**işte**	at work
Fas'ta	in Morocco	**arabada**	in the car

Ending vowel	*suffix*	
a / ı	- lı	**Ben Tokyoluyum.**
o / u	- lu	**Sen Çinlisin.**
e / i	- li	**O Faslı.**
ö / ü	- lü	**Biz Rusuz.**
		Siz Arapsınız.
		Onlar Fransız.

PRACTICE

61

nereLisin? ▶ WHeRe aRe YOU FROM? 6

6.3 VOCABULARY

Ülke (country)	Kıta (continent)	Millet (Ethnicity)	Dil (Language)	Başkent (Capital)	
ABD	Amerika	Amerikalı	İngilizce	Vaşington	USA
Azerbaycan	Asya	Azeri	Azerice	Baku	Azerbaijan
Çin	Asya	Çinli	Çince	Pekin	China
Fas	Afrika	Faslı	Arapça	Rabat	Morocco
Fransa	Avrupa	Fransız	Fransızca	Paris	France
Gürcistan	Asya	Gürcü	Gürcüce	Tiflis	Georgia
Hindistan	Asya	Hindu	Urduca	Yeni Delhi	India
İngiltere	Avrupa	İngiliz	İngilizce	Londra	England
Japonya	Asya	Japon	Japonca	Tokyo	Japan
Kenya	Afrika	Kenyalı	Svahilice	Nairobi	Kenya
Rusya	Asya	Rus	Rusça	Moskova	Russia
Türkiye	Asya/Avrupa	Türk	Türkçe	Ankara	Turkey
Yunanistan	Avrupa	Yunan	Yunanca	Atina	Greece

P6.1 Alıştırma / Practice:

Fill in the blanks in the following short conversation.

Susan: Merhaba adım Susan İngiltere___. Londra'__ oturuyorum. Siz nere___? Adınız ___?

Dennis: Merhaba benim adım Denis. Rus___. Moskova___ yaşıyorum

Alıştırma / Practice:

Fill in the blanks in the following text about yourself.

Merhaba. Benim adım _____. _____liyim/luyum. _____ de/da yaşıyorum.

VOCABULARY

6.4 Aşağıdaaki metni okuyun, dinleyin ve soruları cevaplayın. *Read and listen to the text below and answer the questions.*

Merhaba, Benim adım Hişam. Faslıyım. Yirmi yaşındayım. Tanca'da oturuyorum. Tanca Afrika'nın kuzeyinde güzel bir şehirdir.

Hello. My name is Hisham. I am Moroccan. I am 20 years old. I am living in Tanger. Tanger is a beautiful city in the North of Africa.

Üniversite öğrencisiyim Arapça ve Fransızca konuşuyorum. İdrisiye Mahallesi'nde bir apartmanda oturuyorum. Boş zamanlarımda kitap okumayı, yüzmeyi ve arkadaşlarımla gezmeyi severim.

I go to University. I speak/ am speaking Arabic and French. I am living/live in an apartment in Idrsia District. I like swimming, reading and hanging out with my friends in my free time.

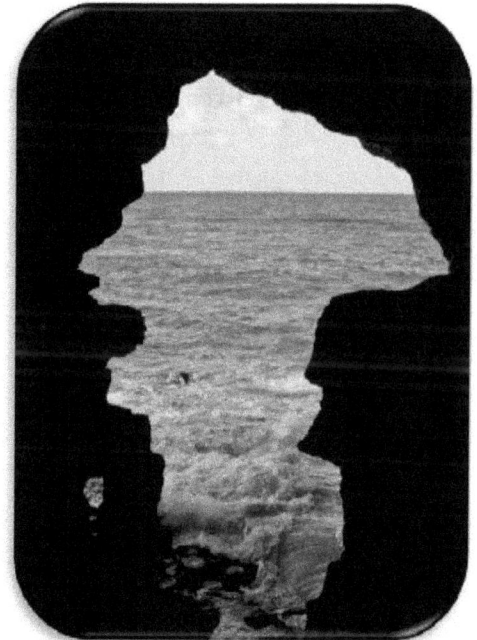

P 6.2a

Soruları cevaplayınız./Answer the questions.

1. Hişam nereli?   _____

2. Hişam kaç yaşında?   _____

3. O nerede oturuyor?   _____

4. Tanca nerede?   _____

5. Sen nerelisin?   _____

6. Nerede oturuyorsun?   _____

P 6.2b   **Doğru seçeneği işaretleyiniz.** /*Circle the correct choice.*

1. **Hişam**

   a) Fransız   b) Amerikalı

   c) japon   d) Faslı

2. **Tanca şehri**

   a) Afrika'da   b) Asya'da

   c) Çin'de   d) Türkiye'de

3. **Hişam hangi dili biliyor?**

   a) Svahilice   b) Türkçe

   c) Arapça   d) İngilizce

4. **Hişam boş zamanlarında**

   a) balık tutmayı seviyor

   b) resim yapmayı seviyor

   c) müzik dinlemeyi seviyor

   d) kitap okumayı seviyor

PRACTICE

DİLBİLGİSİ (grammar)

Şimdiki Zaman (Present Progressive Tense)

In the dialogs above you see sentences

Tulsa'da oturuyorum. (I am living in Tulsa) (Or literally, in Tulsa I am living)

Tanca'da oturuyorum. (I am living in Tanger.)

As probably you figured out, the word "otur" is the verb. In Turkish , to make infinitives we have suffix –mak and –mek. See the examples below.

Oturmak	: to sit, to live	Londra'da yaşıyorum.	I am living in London.
Çalışmak	: work	Nerede çalışıyorsun?	Where are you working?
Okumak	: read	Kitap okuyor.	He/She is reading.
Gitmak	: go	Kütüphaneye gidiyoruz.	We are going to the library.
Gelmek	: come	Nereden geliyorsunuz?	Where are you coming from?
Sevmek	: like, love	Bu şehri çok seviyorum.	I love this city very much. (I am loving)
İstemek	: want	Bir bardak çay istiyorum.	

6.5

Personal pronoun	Verb + i,u,üyor +(suffix(pronoun) NEGATIVE	
Ben	**koşmuyorum**	**gelmiyorum**
Sen	**koşmuyorsun**	**gelmiyorsun**
O	**koşmuyor**	**gelmiyor**
Biz	**koşmuyoruz**	**gelmiyoruz**
Siz	**koşmuyorsunuz**	**gelmiyorsunuz**
Onlar	**koşmuyorlar**	**gelmiyorlar**

PRACTICE

Koşmak is to run and gelmek is to come. To decline the verbs in present progressive tense, the suffixes -mek and –mak are replaced by suffix –iyor followed by suffix of subject.

Suffix –iyor may vary depending on the last syllable of the verb. Look at the following examples.

Su içiyorum.	I am drinking water.
Yürüyorsun.	You are walking
Mektup yazıyorum.	I am writing a letter.

Last vowel	Suffix		Almanca
a / ı / o / u	- ca		Ingilizce
e / i / ö / ü	- ce		Fransızca
Last consonant	**Suffix**	➡	Türkçe
p / t / ç / ş /			Arapça
s / k / f	- ça / çe		

PRACTICE

66

P 6.3a Boşlukları **doldurarak cümleleri tamalayın**. *Complete the sentences filling in the blanks.*

1. Nerelisiniz?   Almanya_____.

2. Nerede oturuyorsunuz?   Münih'te _____.

3. Ne yapıyorsunuz?   Televizyon _____.

4. Hangi dili konuşuyorsunuz?   Almanca _____.

5. Kaç yaşındasınız?   Yirmi sekiz _____.

P 6.3b Boşlukları **doldurarak cümleleri tamalayın**. *Complete the sentences filling in the blanks.*

Hande Gezgin on dört yaşında bir lise öğrencisi. Hande üç yıldır İstanbul'da _____. O, boş zamanlarında yüzmeyi ve bisiklete _____ seviyor. Hande Türkçe ve İngilizce _____.

Lise: high school   **Yaşamak**: live   **Yüzmek**: swim   **Bilmek**: know

P 6.3c Make sentences with the words .

1. Ad- ben- Mary   _____

2. 20- yaş   _____

3. İngiltere   _____

4. Otur- Londra- üç yıldır _____

5. Kitap okumak- boş zamanlar –sevmek

   _____

6. Ad- sen- ne-?   _____

7. Nere- sen- yaşamak ?   _____

Dinleyiniz ve Tekrar Ediniz (Listen and Repeat)

Dinleyiniz ve Tekrar Ediniz (Listen and Repeat)

6.6

> Merhaba. Kütüphaneye üye olmak istiyorum.
> *Hello. I want to be a member of the library.*

> Kimsiniz? *Who are you?*

> Efendim? *I beg your Pardon?*

> İsminiz ve doğum tarihiniz, lütfen? *Your name and date of birth, please?*

> Adım Tien Cho Ming. 20 Aralık 2008 de doğdum. *My name is Tien Cho Ming. I was born on December 20, 2008*

> Teşekkürler. *Thanks.*

*"İstemek", as you may recall, is an infinitive (ending in –mek). It means "to want". "İstiyorum" literally means "I am wanting"

* Kimsiniz means who are you? "Kim" is who and –siniz is suffix.

"Efendim" is a polite way of saying " Yes, ma'am", "Yes, Sir" or "Pardon" depending on the situation.

"Ad" and "İsim" are the same. They both mean *name*.

Adım	İsmim
Adın ne? →	İsmin ne?
Adınız ne?	İsminiz ne?

P6.4 Doğru seçeneği işaretleyiniz. (*Mark the correct answer.*)

1. **Tien Cho Ming Nerede ?**

   a) evde b) hastanede c) kütüphanede d) okulda

2. **Tien Cho Ming ne istiyor?**

   a) üye olmak istiyor   b) oyun oynamak istiyor

3. **Tien Cho Ming hangi ayda doğdu?**

   a) Aralık   b) Ağustos   c) Kasım

4. **Tien Cho Ming hangi yılda doğdu?**

   a) 2008   b) 2000   c) 1990

hastane; *hospital*, **ev**; *home, house*, **okul**; *school*, **oyun oynamak**; *play games*,   **Hangi yılda?**; *In what year?*

Merhaba arkadaşlar. Ben Scott. İngilizim.
İngilizce ve Türkçe konuşuyorum. Çince
öğreniyorum. Sigara içmiyorum.

Hello Friends. I am Scott. I am English. I am speaking (I
speak) English and Turkish. I am learning Chinese. I am
not smoking (I don't **smoke**).

Aşağıdaki soruları cevaplayınız. Answer the questions below (About yourself)

1. **Kim siniz?** (*Adınız ve soyadınız ne?*)

2. **Nerelisiniz?**

3. **Neredesiniz?**

4. **Doğum yeriniz neresi?**

5. **Doğum tarihiniz ne?**

6. **Hangi dili konuşuyorsunuz?**

7. **Kaç yaşındasınız?**

8. **Nerede oturuyorsunuz?**

9. **Sigara içiyor musunuz?**

PRACTICE

Learning Objective	3 POINTS	1 POINT	0 POINT
I can talk about nationalities and languages.	I can do this easily	I can get my point across	I need to work on this
I can make positive and negative sentences in present progressive tense in Turkish.	I can do this easily	I can get my point across	I need to work on this
I can use suffixes – li and – ce to produce new words.	I can do this easily	I can get my point across	I need to work on this
I can respond to this question. "Hangi dili konuşuyorsunuz?"	I can do this easily	I can get my point across	I need to work on this
I can talk about my leisure activities.	I can do this easily	I can get my point across	I need to work on this
I can talk about places using *locative case*.	I can do this easily	I can get my point across	I need to work on this

EVALUATION

Translate

Find the Turkish words that are defined in English.

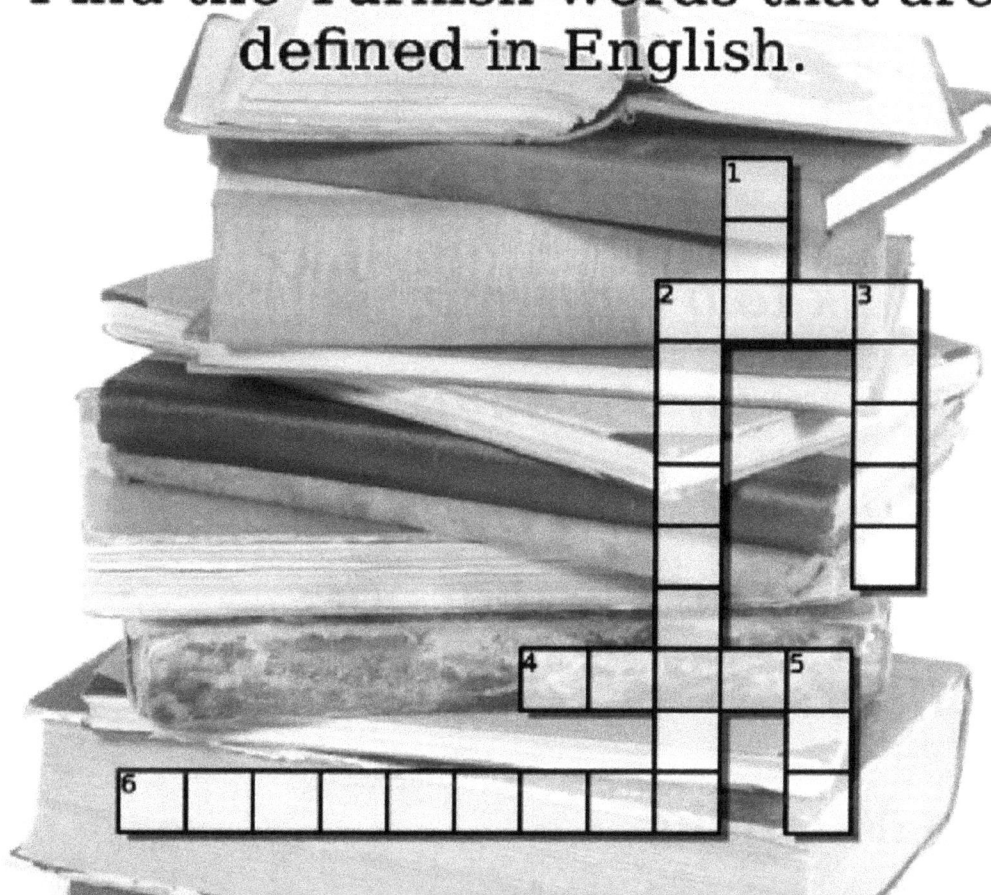

ACROSS

2 The synonym of the word 'ad' in Turkish
4 North
6 We go there to read or borrow books.

DOWN

1 A person or thing that comes from Russia
2 The language that is spoken in England
3 The fifth month of the year.
5 Age

"If you talk to a man in a language he understands, that goes to his head. If you talk to him in his language that goes to his heart"

Nelson Mandela

Objectives: By the end of the chapter, you will be able to:
- say the days of the week
- use the ordinal numbers
- use gerund form of the verbs in sentences

🔊 **7.1**

Merhaba.

Benim adım Bilal Özdurmaz. 1976'da Karabük'te doğdum. Doğum günüm 10 Haziran. Bir orta okulda Türkçe öğretmeniyim. Haftada 25 saat ders anlatıyorum. Öğretmenliği çok seviyorum. Pazartesi ve Çarşamba günleri okuldan sonra futbol oynarım. Hafta sonu genelde parkta yürümeyi seviyorum.

Bugün günlerden Pazar. Okul yok. Evdeyim ve televizyon seyrediyorum.

7.2   GÜNLER

Pazartesi	*Monday*
Salı	*Tuesday*
Çarşamba	*Wednesday*
Perşembe	*Thursday*
Cuma	*Friday*
Cumartesi	*Saturday*
Pazar	*Sunday*

Karabük: a city in the Black Sea region of Turkey

Karabük'te doğdum: I was born in Karabuk.

Ortaokul: Middle School

Türkçe öğretmeni: Turkish Language Teacher

Hafta: week **Saat**: hour

Bugün: Today **Gün/Günler:**day/days

Hafta sonu: Weekend

Yok: There is not.

DIALOGUE

Altı çizili kelimeleri değiştirerek kendi hakkınızda benzer cümleler yapın.

Replacing the underlined words, *make similar sentences about yourself.*

1. **10 Haziran 1976 da Karabük'te doğdum.** *I was born in Karabuk in June 10, 1976.*

2. **Adım Bilal. Soyadım Özdurmaz.** *My name is Bilal, last name is Özdurmaz.*

3. **Bugün günlerden Pazar.** *It is Sunday.*

4. **Bugün okul yok.** *There is no school today.*

5. **Evdeyim. Televizyon seyrediyorum.** *I am at home . I am watching TV.*

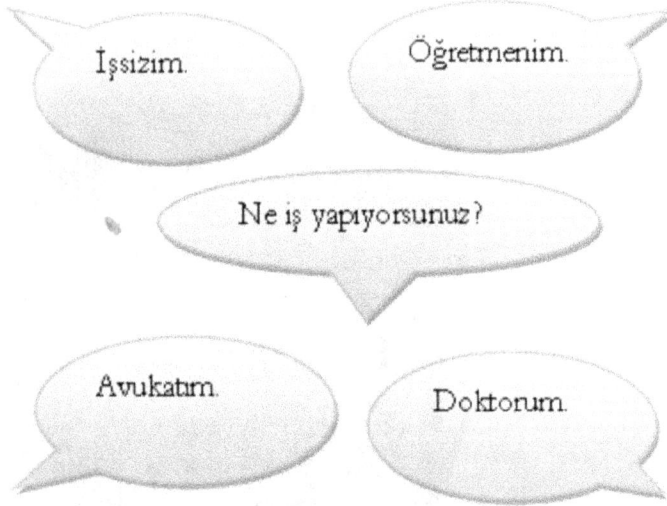

There are several ways of asking a person of his/her occupation.

Mesleğiniz ne? *What is your job?*

Ne iş yapıyorsunuz? *What do you do? (What job are you doing?)*

İşsizim: *I am unemployed* **Öğretmenim:** *I am a teacher.*

Avukatım: *I am a lawyer* **Doktorum:** *I am a doctor.*

İşsizim.

Öğretmenim.

Ne iş yapıyorsunuz?

Avukatım.

Doktorum.

Ordinal numbers in Turkish go as

Bir, iki, Üç, Dört, Beş, Altı and so on.

To make cardinal numbers following suffixes are added to the end of the number:

- inci, -ıncı , -üncü, -uncu

depending on the last syllable.

Birinci, İkinci, Üçüncü, Dördüncü, Beşinci, Altıncı

Examples:

Dördüncü gün; fourth day

Birinci sınıf; first class

Üçüncü Kat; third floor

Yirmibeşinci yıl; twenty fitfh year

Onuncu yaş günü; tenth birthday

Yedinci ders; seventh lesson

DIALOGUE

1. Bir	1st. Bir**inci**	10th. Onuncu
2. İki	2nd. İk**inci**	19th. Ondokuzuncu
3. Üç	3rd. Üç**üncü**	26th. Yirmialtıncı
		100th Yüzüncü

Question word " **Kaçıncı**" is used to ask about the number of something in the list or order.Example :

Kaçıncı ders? Birinci ders.

Hafta Sonu ne Yapıyorsun?

What are you doing on the weekend?

İsim fiil *(gerund):* The formation and usage of gerunds in Turkish is similar to English. We know that infinitives end in –mek, -mak in Turkish as in **almak, vermek, bakmak, görmek, yemek, içmek.** The gerund is a noun made from a verb. In turkish we make gerund by adding **-me, -mek, or –iş**

Almak: *Take*

Vermek: *Give*

Görmek: *See*

Yemek: *eat*

İçmek: *drink*

Parkta <u>yürümeyi</u> seviyorum.   I like <u>walking</u> in the park.

Kemal Türkçe <u>öğretmeyi</u> seviyor.   Kemal likes <u>teaching</u> Turkish.

Sevmek: *like, love*

Hoşlanmak: *like*

Look at the gerunds (underlined) in the example above. *Yürümek* is to walk. *Yürü* is the stem of the verb. When -me is added on the stem of the verm it becomes a gerund. And , since it is in object position we also add **–yi.**

Öğretmek: *teach*

Öğrenmek: *learn*

Yürümek: *walk*

Araba <u>sürmeyi</u> bilmiyoruz. We dont know (are not knowing) driving. As seen in the example ,the verb *"araba sürmek"* turned into gerund as *"araba sürme"*

Koşmak: *run*

P 7.1 Here is Bilal's weekly course schedule. Read his schedule and answer the following questions.

	Dersler	Pazartesi	Salı	Çarşamba	Perşembe	Cuma
8: 00	**Birinci Ders**	1A	5B	2A	7A	3A
9: 00	**İkinci Ders**	1A	5B	2A	7B	3A
10:00	**Üçüncü Ders**	3A	1A	5A	2A	8A
10:00	**Dördüncü Ders**	4A	2C	5A	8A	8A
12:00	**Beşinci Ders**	5B	5A	1C	8B	8A
13:00	**Altıncı Ders**					
14:00		FUTBOL		FUTBOL		

1. Bilal haftada kaç saat ders anlatıyor?
2. O Pazartesi birinci saat nerede?
3. Bilal Çarşamba öğleden sonra ne yapıyor?
4. Bilal'in Perşembe günü dersi var mı?
5. Bilall'in 1C sınıfına dersi ne zaman?
6. Bilal hangi günler futbol oynuyor?

Haftada kaç saat: *how many hours (in) a week*

Öğleden sonra : *afternoon*

Ne zaman: *when*

Saat kaçta?: *(At) What time ?*

Hangi günler: *which days*

Futbol: *soccer*

KARDEŞİM PİERRE DÖRDÜNCÜ SINIFA GİDİYOR.

7.3 **Listen to the following sentences and write the ordinal numbers you hear.**

P 7.2

1. _____ dersimiz İngilizce.

2. Karabükspor bu yıl ligde _____ .

3. Hasan yarışmada _____ geldi.

4. Mart yılın _____ ayı.

5. Pazartesi haftanın _____ günü.

6. Kardeşim Pierre _____ sınıfa gidiyor.

7.4

P 7.3

1. Sekizinci	a.	2018th
2. Onbirinci	b.	11th
3. Kırkbeşinci	c.	20th
4. Yüzaltıncı	d.	8th
5. Yüzaltmışüçüncü	e.	106th
6. Yetmişinci	f.	1439th
7. İkibinonsekizinci	g.	1000th
8. Bindörtyüzotuzdokuzuncu	h.	45th
9. Bininci	i.	163rd
10. Yirminci	j.	70th

P 7.4 Complete the sentences by filling in the blanks with the gerund forms of the following verbs:
Öğrenmek , koşmak, içmek, okumak, seyahat etmek, gitmek, oynamak

1. Türkçe _____ seviyorum. *I like learning Turkish.*

2. Jonny _____ seviyor. *John likes traveling.*

3. Zeynep satranç _____ sevmiyor. *Zeynep doesn't like playing chess.*

4. Fuat sabahları parkta _____ çok seviyor. *Fuat likes running in the park in the morning(s).*

5. Kardeşim bilim kurgu hikayeler _____ seviyor. *My brother likes science fiction stories.*

6. Ben haftasonu sinemya _____ seviyorum. *I like going to movies on the weekend.*

7. Kedim süt _____ seviyor. *My cat likes drinking milk.*

PRACTICE

76

7.5

Mary ve Larry emekli. Teksas'ta yaşıyorlar. Mary ve Larry çok yardımsever insanlar. Onlar Cumartesi ve Pazar günleri evsiz ve yoksullara su ve yemek dağıtıyorlar. Larry ve Marry hayvanları da çok seviyor. Evlerinde üç tane köpekleri var.

Mary and Larry are retired. They live in Texas. Mary and Larry are so charitable. They distribute water and food to the poor and homeless people on Saturdays and Sundays. Mary and Larry also love animals. They have three dogs in their home.

P 7.5 Mary ve Larry hakkındaki soruları cevaplayınız.

Answer the following questions about Mary and Larry.

1. Mary ve Larry ne iş yapıyor?

2. Onlar nerede yaşıyorlar?

3. Hafta sonu ne yapıyorlar?

4. Onların kaç köpeği var?

5. Hayvanları seviyorlar mı?

Pair/Group Work: Work with a partner and ask/answer these questions.

1. Ne iş yapıyorsunuz?

2. Nerede yaşıyorsunuz?

3. Hayvanları seviyormusunuz ? Ev hayvanınız var mı? Kaç tane?

4. Pazar günleri ne yapıyorsunuz?

PRACTICE

VOCABULARY

Time Expressions

ACROSS

3 Evening
4 Sunday
7 Now
9 Weekend

DOWN

1 Morning
2 Wednesday
5 Month
6 Today
8 Tomorrow

WORD BANK: ŞIMDI, ÇARŞAMBA, YARIN, SABAH, PAZAR, HAFTASONU, BUGÜN, AY, AKŞAM

P 7.6 Aşağıdaki kelime ve cümleleri kendi dilinize çeviriniz.

Translate the following sentences.

1. Ali kütüphanede kitap okumayı seviyor.

2. Yarın Şikago'ya uçuyorum.

3. Bugün senin sekizinci yaşgünün.

4. Evimiz yedinci katta.

5. On beşinci soru çok kolay.

P 7.7 Aşağıdaki kelimeleri düzenleyerek cümleler yapınız.

Unscramble the words to make sentences.

1. Seviyorum - boş zamanlarımda -balık tutmayı

2. şarkı söylemeyi- seviyor -çok -kızkardeşim

3. gidiyor – jack- sınıfa- onuncu

7.6

Practice saying the following sentences.

a. Çalışıyorum.

b. Hastanede çalışıyorum.

c. İstanbul'da bir hastanede çalışıyorum.

Şimdi siz benzer bir cümle kurun. Now make a similar sentence.

LEARNING/ TEACHING TIP: BINGO

Teacher/facilitator asks students to draw a table with 9 – 20 grids on it. Then, she/he asks them to write random ordinal numbers from 1-10. Teacher calls out ordinal numbers randomly from 1-20 and players mark their numbers on the grid if they are called out. Whoever finishes first wins.

PRACTICE

SELF TEST

Learning Objective	3 POINTS	1 POINT	0 POINT
I can easily identify and say ordinal numbers .	I can do this easily	I can get my point across	I need to work on this
I can talk about my weekly schedule and leisure activities saying the days of the week .	I can do this easily	I can get my point across	I need to work on this
I know how to make gerunds and make sentences using gerunds.	I can do this easily	I can get my point across	I need to work on this
I can respond to this question. "Ne iş yapıyorsunuz?"	I can do this easily	I can get my point across	I need to work on this
I can understand all the words that I learned in this lesson.	I can do this easily	I can get my point across	I need to work on this
I can say my date of birth and place.	I can do this easily	I can get my point across	I need to work on this

NOTES:

PRACTICE

Bu ne?

Objective: By the end of the chapter, you will be able to:
• say the plural form of nouns
• ask about objects around you. (*What is this?*)

🔊 **8.1**

Bu ne?	Bunlar ne?

Bu ağaç.

Bunlar ağaç.

Bu pasaport.

Bunlar pasaport

Bu ev

Bunlar ev.

Bu kelebek.

Bunlar kelebek.

VOCABULARY & PRACTICE

Demonstrative adjectives **"Bu"**, **"Şu,"** **"O,"** **"Bunlar"**, **"Şunlar"**, **"Onlar"** are used in Turkish language pointing at people animals or things. *"Bu"*, *"Şu"*, *and "O"* come before singular nouns and "Bunlar", "Şunlar", and "Onlar" are also followed by singular nouns but make them plural.

Bu ne?   **Bunlar ne?**

Bu bir otobüs. This is a bus.   **Bunlar otobüs.** These are buses.

Şu tren. That is a train.   **Şunlar tren.** Those are trains.

8.2

Bu, ağaç mı?   *Is this a tree?*

Evet. Bu ağaç.   Yes. It is (a) tree.

Bu, çiçek mi? Is this a flower?

Hayır. Bu çiçek değil. Bu kelebek.

No. It is not a flower. It is (a) butterfly

Suffix –mi,-mu occuring at the end makes the sentence a question.

$a, ı \longrightarrow$ -mı   *Kitap mı?* *A book?*

$e, i \longrightarrow$ -mi   *Kuş mu?* *A bird?*

$o, u \longrightarrow$ -mu   *Bilet mi?* *A ticket?*

$ö, ü \longrightarrow$ -mü

Note: To make a noun plural suffix
– ler / - lar are added at the end of
the words; otobüsler trenler
maymunlar zebralar uçaklar

Words end'ng in *a ı o u* -lar and
words that end in *e i ö ü* get -ler to
become plural.

BU ne?.

P8.1 Aşağıdaki kelimeleri çoğul yapın.

Turn the following words into plural.

Ördek <u>ler</u>   Kaz___   Yılan___ Ayı__   Aslan __

Zürafa___   Timsah__   Balık___ Karınca__   Koyun__

Eşek___   Tavuk__   Kedi___   Köpek__   Örümcek__

Ördek: Duck, **Kaz**: goose, **Yılan**: snake, **Ayı** : bear, **Aslan**: lion **Zürafa**: giraffe, **Timsah** : crocodile, **Balık**: fish **Karınca**: ant, **Koyun** : sheep **Eşek**:donkey, **Tavuk**: chicken, **Kedi**:cat **Köpek**:dog **Örümcek**: spider

Çoğul İsimlerde İyelik *(Possessive Case with Plural Nouns)*

The suffixes for possesive case are preceded by suffix – *ler, lar* for plural as shown in the examples below.

Possessive Adjective	Singular Noun with Possessive suffix	Plural Noun with Possessive Suffix
Benim	araba**m** *my car*	arabalar**ım** *my cars*
Senin	çiçeğ**in**	çiçek**lerin**
Onun	adres**i**	adres**leri**
Ali'nin	kredi kart**ı**	kredi kart**ları**

P8.2 Translate the following phrases into Turkish.

1. Your cars   _____
2. My books   _____
3. Our credit card   _____
4. His ticket   _____
5. Matt's busses   _____

P 8.3 Make the following words plural.

1. Kitap   _____

2. Defter   _____

3. Kalem   _____

4. Yolcu   _____

5. Arkadaş   _____

6. Hayvan   _____

7. Yıldız   _____

8. Yaprak   _____

9. Sandalye   _____

10. Masa   _____

11. Bilgisayar   _____

Kitap: book

Defter: notebook

Kalem: pencil

Yolcu: passenger

Arkadaş: friend

Hayvan: animal

Yıldız: star

Yaprak: leaf

Sandalye: chair

Masa: table

Bilgisayar: computer

Practice saying the following sentences.

İçiyoruz.

Çay içiyoruz.

Balkonda çay içiyoruz.

Dostlarımızla balkonda çay içiyoruz.

We are drinking tea with our friends in the balcony.

Çay içmek: drink tea

Balkon: balcony

Dost: friend (arkadaş)

Dost: *friend*

Dostlar: *friends*

Dostlarımız: *our friends*

Dostlarımızla: *with our friends*

Dost lar ımız la

P 8.4 Make similar sentences with the words given below:

Çocuklar / top oynamak / bahçe   _____

Komşular / araba yıkamak / garaj   _____

VOCABULARY & PRACTICE

ŞUNLAR ne?

What are those?

Valerie, şunlar ne?

Ayakkabıların ne renk?
What color are your shoes?

Bunlar benim ayakkabım. (ayakkabılarım) *These are my shoes*

Siyah *Black*

8.3

Fill in the blanks :

RENKLER *Colors*

Kırmızı: *red*

Beyaz: *white*

Siyah: black

Mavi: blue

Sarı: yellow

Yeşil: green

Turuncu: orange

Kahverengi : brown

Pembe: pink

Mor: purple

Gri: gray

Benim sırt çantam ____

Benim çoraplarım ve gömleğim____ .

Ayakkabılarım____ çantam ____

_____
____

Gömlek: shirt **Sırt çantası:** *backpack* **Çorap:** *sock*

VOCABULARY & PRACTICE

BU ne?.

Read the conversation between a father and son about animals they see in a book.

| 8.4 | Read the conversation between a father and son about animals they see in a book. |

Merhaba Ali. Bu ne, biliyor musun?

Evet. Bu bir at.

Hayır. Bu at değil. Bu zebra.

Ama ata çok benziyor.

Babacığım, bu maymun mu?

Evet oğlum bu maymun.

Baba ben hayvanları çok seviyorum.

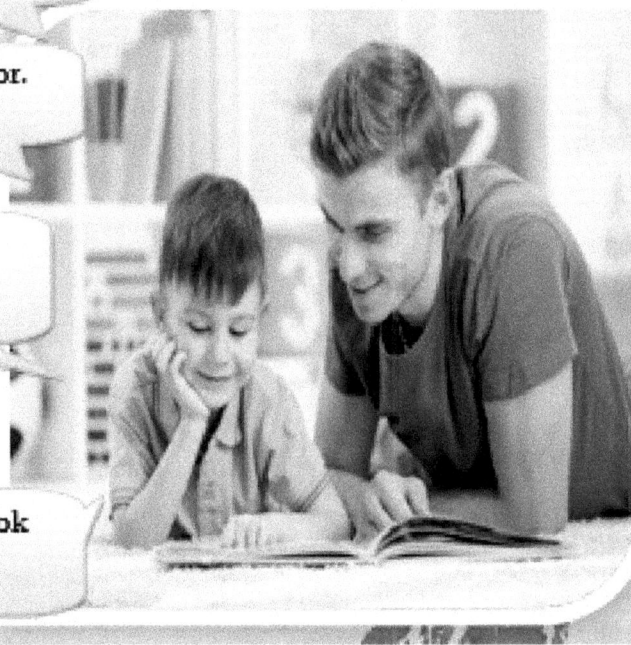

Öyle mi? Ben de.

Father: Hey Ali, do you know what this is? *"Biliyor musun" literally is "Are you knowing?" "Bu" means "this" and "Ne?" means "what?" "Bu ne?" or "Bu nedir?" is the most common way of saying " What is this?"*

Ali: Yes. This is a horse. *In Turkish "evet "is "yes" and "hayir" is "no".*

Father: No. This is not (a) horse. *This is (a) zebra. The word "değil" makes the sentence negative when the verb is "be". And it is declined according to the subject of the sentence, as in " Ben doktor değilim."*

Ali: But, it looks like (a) horse. Daddy, is this a monkey? *"benzemek" is "resemble, look like" " Ben babama benziyorum." I look like my father. As seen here, to make question, we have suffix –mu, -mü,- mı, -mi.*

Father: Yes (my) son. This is monkey.

Ali: Dad, I love animals so much. *"Çok seviyorum." Literally means " I am loving so much."*

Father: Oh, really? Me too.

BU ne?

What is this?

8

Do the puzzle about animals. (Write the Turkish words for each animal)

HAYVANLAR

Animals

ACROSS

2 mouse
4 ostrich
6 bat
8 sheep
9 bear
10 giraffe
11 tiger
12 donkey

DOWN

1 duck
3 bird
5 ant
7 chicken
8 goose
9 lion
11 cat

WORD BANK: ÖRDEK, ZüRAFA, YARASA, TAVUK, KUş, KOYUN, KEDI, KAZ, KARıNCA, KAPLAN, FARE, EşEK, DEVEKUşU, AYı, ASLAN

87

Learning Objectives	3 POINTS	1 POINT	0 POINT
I can change singular nouns to plural.	I can do this easily	I can get my point across	I need to work on this
I can ask questions about objects.	I can do this easily	I can get my point across	I need to work on this
I can ask and answer the questions. **" Bu ne?** **"Bunlar ne?"**	I can do this easily	I can get my point across	I need to work on this
I can respond to this question. **"Dün neredydin? Ne yaptın?"**	I can do this easily	I can get my point across	I need to work on this
I can talk about the color of things.	I can do this easily	I can get my point across	I need to work on this
I can know all the words and their correct pronunciations that I learned in this lesson.	I can do this easily	I can get my point across	I need to work on this

EVALUATION

DÜN NE YAPTIN?

What did you do yesterday?

Objective: By the end of the chapter, you will be able to:
- use simple past tense in positive and negative questions.
- identify the past form of the verbs
- say the time.

🔊 9.1

Dinleyin ve Okuyun. *Listen and read*

Merhaba. Ben Scott.

İngilizim. Yirmi iki yaşındayım.

Bu yaz Türkiye'yi geziyorum. Dün İstanbul'daydım. İstanbul büyüleyici bir şehir. Dün sabah saat sekizde kahvaltı yaptım. Öğleye kadar Sultan Ahmet Camii'ni ve Ayasofya Müzesi'ni ziyaret ettim. Öğleden sonra saat üçte Boğaz' da tekne turu yaptım. Bol bol fotoğraf çektim ve alış veriş yaptım.

Dün çok yoruldum. Akşam saat yedi de otele döndüm. Biraz televizyon seyrettim ve uyudum.

Hello. I am Scott. I am English. I am 22 years old .I am traveling in Turkey this summer. I was in Istanbul yesterday. Istanbul is a fabulous city. Yesterday morning I had breakfast at 8 o'clock. I visited the Blue Mosque and Hagia Sofia Museum until noon. I had a boat tour at the Bosphorus at 3 pm afternoon. I took plenty of photos and shopped.

I got so tired yesterday. I went back to the hotel at 7 pm in the evening. I watched television a little and went to bed.

Gezmek: travel, go sightseeing **Kahvaltı yapmak:** have breakfast **Ziyaret etmek:** visit **Tekne turu:** boat tour **Fotoğraf çekmek:** take photos **Alış veriş yapmak:** do shopping **Dönmek:** return (go back) **Televiizyon seyretmek:** watch TV

DÜN NE YAPTIN?

What did you do yesterday?

GEÇMİŞ ZAMAN OLUMLU (PAST TENSE)

To make a past tense sentence in Turkish, we have suffix –dı, -di and the suffix for the agent at the end of the infinitive.

9.2

BEN	futbol oynadım	kitap okudum	Ödev yaptım
SEN	**futbol oynadın**	**kitap okudun**	**Ödev yaptın**
O	**futbol oynadı**	**kitap okudu**	**Ödev yaptı**
BiZ	**futbol oynadık**	**kitap okuduk**	**Ödev yaptık**
SiZ	**futbol oynadınız**	**kitap okudunuz**	**Ödev yaptınız**
ONLAR	**futbol oynadılar**	**kitap okudular**	**Ödev yaptılar**

As you can see in the examples above, the verbs "oynamak" (play), "okumak" (read) and "yapmak" (do) are declined as "oynadım, okudum and yaptım" with the first person singular.

Ben futbol oynadım. I played soccer.

Sen kitap okudun. You read (a) book.

Biz ödev yaptık. We did homework.

Some adverbs of time Present vs.Past

Bugün… today	Dün… yeterday
Şimdi now	**Önce…** before, ago
Şu anda…. at the moment	**Biraz once….** earlier, a little while ago
Bu ay….. this month	**Geçen ay…** last month
Bu yıl…. this year	**Geçen yıl…** last year
Bu hafta…. this week	**Geçen hafta…** last week

GRAMMAR

Saat üç.

İstanbul'da saat kaç?

What time is it in İstanbul?

Remember!

-de, -da, -te, -ta

İstanbul'da

Münih'te

Saat 3' te

Vaşington'da

As in the examples below, telling the time in Turkish, we use" *geçiyor*" and "var" to say *past* and *to* respectively. (e/a çeyrek var= quarter to ..., 10 geçiyor = ten (minutes) past ...) **And, "*buçuk*" is half past...** (Saat beş buçuk. *It is half past 5.*)

9.3

üçü on dakika geçiyor.

üç buçuk.

Dörte yirmi dakika var.

Dörte çeyrek var.

9.4

Dinleyin ve Okuyun. *Listen and read*

Dün sabah Scott otelde saat 8:30 da kahvaltı yaptı. Kahvaltıda çay içti, iki dilim ekmek, bir yumurta ve biraz kek yedi.

Scott kahvaltıdan hemen sonra otelden ayrıldı.

Scott had breakfast at the hotel yesterday morning at 8:30. He drank tea, he ate two slices of bread, (an)egg, some cake.

Scott left the hotel right after the breakfast.

8:30 AM

PRACTICE

Bugün erken kalktım.   *I got up early today.*

P 9.1 Match the questions and answers.

1. Dün sabah Scott saat kaç ta kahvaltı yaptı?

2. O kahvaltı da ne yedi?

3. Scott ne içti?

4. Scott otelden ne zaman ayrıldı?

Ne zaman= when

a. Kahvaltıdan sonra otelden ayrıldı.

b. Çay içti.

c. Scott saat sekiz buçuk'ta (sekiz otuz) kahvaltı yaptı.

d. Ekmek yumurta ve kek yedi.

P 9.2 Rewrite the following sentences using the 1ˢᵗ Person Singular (Ben).

1. Scott 8:30 da otelde kahvaltı yaptı.   Ben saat 9 da evde kahvaltı yaptım.

2. Annem geçen yıl Kanada'ya gitti.   _____

3. Ayşe kahvaltıda süt içti.   _____

4. Arkadaşlarım hafta sonu futbol oynadı.   _____

5. Sen dün bol bol resim yaptın.   _____

6. John bugün erken kalktı.   _____

7. Babam saat 7 de işe gitti.   _____

8. Arabayı yanlış yere park ettiniz.   _____

9. İstanbulda tarihi yerleri ziyaret ettik.   _____

10. Otelde akşam yemeği yedik.   _____

gitmek *go,* **futbol oynamak** *play soccer,*

resim yapmak *draw a picture,*

işe gitmek *go to work,* **park etmek** *to park ,*

ziyaret etmek *visit ,* **akşam yemeği yemek** *have dinner (eat dinner).*

PRACTICE

> **Henüz Türk kahvesi içmedim, ama baklava yedim.**
>
> *I have not drank Turkish coffee yet, but I have eaten baklava.*

GEÇMİŞ ZAMAN OLUMSUZ (PAST TENSE NEGATIVE)

To make a negative sentence in the past, we use infix –me, ma with the stem of the verb. (with the imperative form) and we ad the suffix for the agent.

9.5

	yazmak	gelmek	yemek	içmek
Ben	yazmadım	gelmedim	yemedim	içmedim
Sen	yazmadın	gelmedin	yemedin	içmedin
O	yazmadı	gelmedi	yemedi	içmedi
Biz	yazmadık	gelmedik	yemedik	içmedik
Siz	yazmadınız	gelmediniz	yemediniz	içmediniz
Onlar	yazmadılar	gelmediler	yemediler	içmediler

P 9.3 Complete column using the verbs in negative form in past tense.

1. Dün akşam erken yattım.   Dün akşam erken yatmadım.

2. John geçen ay Şikago ya gitti. _____

3. Pazar günü balığa gittik. _____

4. Susan alış veriş yaptı. _____

5. Hatfa sonu kitap okudum. _____

6. Amcam yeni evine taşundı. _____

7. İngilizce dersi 8 de başladı. _____

8. Üç yıl hastanede çalıştım. _____

9. Ayşe annesine mektup yazdı. _____

10. Joe dün bana telefon etti. _____

erken yatmak go to bed early , **erken kalkmak** get up early , **balığa gitmek** go fishing, **kitap okumak** read a book, **çalışmak** work, **mektup yazmak** write a letter, **telefon etmek** call, make a phone call

GRAMMAR

Scott Sultan Ahmet'e gitti mi?

Evet, O Sultan Ahmet'e gitti.

Did Scott go (visit) to Sultan Ahmet?

Yes. He went to Sultan Ahmet.

Sultan Ahmet Camii (The Blue Mosque)

GEÇMİŞ ZAMAN SORU (PAST TENSE QUESTION FORM)

To make questions in the past, we use the suffix–mi, mı with the declined verb agent.

Example: Geçen hafta sinemaya gittin mi?

Baban yeni bir araba aldı mı?

P 9.4 Complete column changing the sentences into question form in past tense.

1. Dün akşam erken yattım.   Dün akşam erken yattin mı?

2. John geçen ay Şikago ya gitti. _____

3. Pazar günü balığa gittik. _____

4. Susan alış veriş yaptı. _____

5. Hatfa sonu kitap okudum. _____

6. Amcam yeni evine taşındı. _____

7. İngilizce dersi 8 de başladı. _____

8. Üç yıl hastanede çalıştım. _____

9. Ayşe annesine mektup yazdı. _____

10. Joe dün bana telefon etti. _____

Eve taşınmak move to a house , **başlamak:start, begin**

> Dün sabah İstanbulda hava güneşli ve sıcaktı. Öğleden sonra bulutlu ve soğuktu. Yağmur yağmadı.

Dün sabah	güneşliydi.	*It was sunny.*
	soğuktu.	*It was cold.*
	bulutluydu.	*It was cloudy.*
	yağmurluydu.	*It was rainy.*

Scott İstanbul'da çok mutluydu.   Scott was very happy in Istanbul.

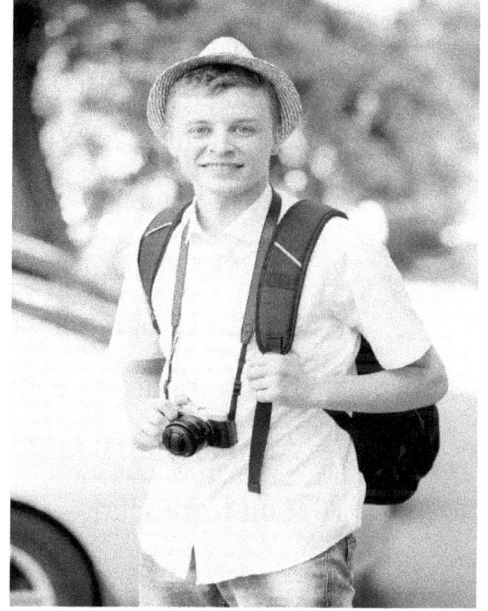

GRAMMAR

To make simple past with nouns and adjectives – *di / dı / dü / du* is the suffix. If the word ends with a vowel you use – y – as buffer., as seen in the examples above.

Ben doktorum. On yıl önce öğrenciydim. *I am (a) doctor. I was (a) student ten years ago.*

Geçen yaz Dallastaydım. *I was in Dallas last summer.*

Evimiz büyüktü. *Our house was big.*

Sen haklıydın. *You were right.*

Akşam yemeği çok lezzeliydi. Teşekkür ederim. The dinner was very delicious. Thank you.

Lezzetli idi ⟶ lezzetli-y-di.

Ben mutlu idim.	Mutlu-y-dum.
Sen mutlu idin. ⟶	Mutluydun.
O mutlu idi. ⟶	Mutluydu.
Biz mutlu idik. ⟶	Mutluyduk.
Siz mutlu idiniz. ⟶	Mutluydunuz.
Onlar mutlu idiler. ⟶	Mutluydu(lar).

Ben mutluydum. *I was happy.*

Onlar mutluydu(lar). *They were happy.*

GRAMMAR

The word "değil" is used to make **negative.** It also takes the suffix –di and declined.

Yolculuk iyiydi..

Ankarada hava bulutluydu.

John un annesi üzgündü.

Question is formed by using –*mi, -mu*

Hava sıcak mi idi? Or sıcakmıydı

Kardeşin çalışkanmıydı

DÜN NE YAPTIN?

What did you do yesterday? **9**

P 9.5 Rewrite the following sentences in the past tense.

1. Yirmi yaşındayım. Yirmi yaşınday<u>dım.</u>
2. Bugün İzmir'de hava çok sıcak. _____
3. Ben okuldayım. _____
4. Turistler müzeye giriyor. _____
5. Çay içiyoruz. <u>Çay iç</u>tik
6. Yağmur yağıyor. _____
7. Sınıfta 10 öğrenci var. _____
8. Ben buradayım, John orada _____
9. Annem mutfakta. _____
10. Sen üzgünsün. _____

P 9.6 Match the sentences in column A with the past forms in column B.

A

1. Ben evde değilim.
2. Masamda üç kalem var.
3. Sınıfta kimse yok.
4. Fotoğraf çekiyorum.
5. Kitap okuyor musun
6. Amcamın siyah bir arabası var.
7. İspanyolca konuşuyorum.
8. Hikaye çok uzun.

B

a. İspanyolca konuştum.
b. Ben evde değildim.
c. Kitap okudun mu
d. Hikaye çok uzundu
e. Sınıfta kimse yoktu
f. Amcamın siyah ber arabası vardı
g. Masamda üç kalem vardı
h. Fotoğraf çektim.

Notice how *burada, orada,* **and** *var* **is used in past.**

'**Burada**' is here, and '**orada**' means there. Ben buradayım. *I am here* is **ben buradaydm.** *I was here* in the past in Turkish. Remember '**var**' means *there is* and possession (*e.g.,* I have, you have)

Amcamin siyah bir arabası <u>var</u>. My uncle <u>has</u> a black car.

Amcamın siyah bir arabası <u>vardı</u>. My uncle ha**d** a black car.

PRACTICE

96

DÜN NE YAPTIN?

What did you do yesterday?

Across
2 Now
3 Yesterday
4 How are you?
6 Boat tour
9 I did not come
10 Sad

Down
1 Chicago
3 Yesterday evening
5 Pen, Pencil
7 Eight
8 Twenty

Translate the following sentences into your language.

1. Saat kaç?

2. Saat dokuz buçuk.

3. Dün kitap okumadım.

4. Ali mutlu mu?

5. Dün kar yağdı.

DÜN NE YAPTIN?

What did you do yesterday?

9

Learning Objectives	3 POINTS	1 POINT	0 POINT
I can talk about my past activities..	I can do this easily	I can get my point across	I need to work on this
I can answer questions in simple past tense.	I can do this easily	I can get my point across	I need to work on this
I can ask and answer the question. "Nasılsınız?"	I can do this easily	I can get my point across	I need to work on this
I can respond to this question. "Dün neredydin? Ne yaptın?"	I can do this easily	I can get my point across	I need to work on this
I can talk about the weather.	I can do this easily	I can get my point across	I need to work on this
I can tell the time.	I can do this easily	I can get my point across	I need to work on this

EVALUATION

98

Kaç Gün Kalacaksınız?

How many days will you stay? **10**

🔊 **10.1**

Hoş geldiniz efendim. Size nasıl yardım edebilirim?

Bir kişilik oda ayırtmıştım. Adım Mehmet Yılmaz. Geçen hafta Salı günü rezervasyon yaptım.

Bir dakika beyfendi. Mehmet Bey, ne kadar kalacaksınız

Şu kayıt formunu doldurabilir misiniz, lütfen?

Üç gün kalacağım. Cuma günü saat 11:00' de çıkacağım.

Saat 6:00' dan 11:00'e kadar. Oda numaranız 405. Bunlar da anahtarlarınız.

Elbette.. Kahvaltı servisi saat kaçta?

Çok teşekkür ederim.

Rica ederim. Odanız dördüncü katta asansörün sağındaki ikinci oda.

Hoş geldiniz efendim. Size nasıl yardım edebilirim. *Welcome Sir. How can I help (you)?*

Bir kişilik oda ayırtmıştım. *I had reserved a room for one person.*

Geçen hafta Salı günü rezervasyon yaptım. *I reserved it on Tuesday last week*

Bir dakika Beyfendi. Mehmet Bey ne kadar kalacaksınız.

Just a minute Sir. Mehmet Bey, how long will you stay?

Üç gün kalacağım. Cuma günü 11' de çıkacağım. *I will stay for three days. I will check out on Friday at 11.*

Elbette. Kahvaltı servisi ne zaman?. *Certainly. What time is the breakfast service?*

6' dan 11' e kadar. Bunlar da anahtarlarınız. Odanız dördüncü katta asansörün sağında ikinci oda.

From 6 to 11. And, these are your keys. Your room is on the 4th floor, second room on the right, next to the elevator.

Beyfendi: Sir
Hanımefendi: Madam
Yardım etmek: Help
Oda ayırmak: Reserve a room, Rezervasyon yapmak
Kalmak: Stay
Elbette: Certainly, of course
Çıkmak: go out, exit, check out
Ayrılmak: leave
e kadar: until
Asansör: Elevator

PRACTICE

99

10.2

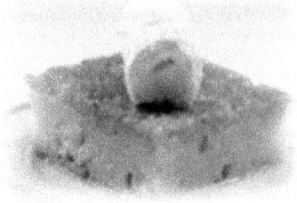

Künefe

Mercimek Çorbası

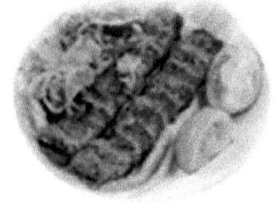

Adana Kebabı

> Ne arzu edersiniz?

> Mercimek çorbası ve Adana kebabı alabilir miyim, lütfen?

> Evet efendim. İçecek bir şey ?
> Meyve suyu , ayran, kola , su...

> Ayran alayım. Soğuk olsun lütfen. Tatlı olarak ne var?

> Güllaç, şöbiyet, künefe, kadayıf ve sütlaç var.

> Ne tavsiye edersiniz?

> Künefemizi deneyebilirsiniz.

> Pekala. O halde künefe alayım. Teşekkür ederim.

> Rica ederim.

Ne arzu edersiniz? Literally means " what would you like?" It is a very formal (polite) way of asking. Arzu etmek is 'to wish, ask for'. Mercimek çorbası (lentil soup) is a kind of soup which is often served with a slice of lemon. **"Mercimek çorbası ve Adana kebab alabilir miyim, lütfen?"** *Can I have lentil soup and Adana kebap, please?* Almak is 'to take, get, have, receive'. In Turkish language you add *–ebilmek, -abilmek* at the end of the infinitive to add the meaning of permission, ability or possibility. And, in the question form particle *–mi, -mu* is added followed by the personal ending.

Alabilir miyim?   **Al +abilir+mi+yim?**   The verb is   almak .

Deneyebilirsiniz   **Dene+y+ebilir+siniz.**   The verb is denemek.

"İçecek bir şey?" *Something to drink?*   **"Meyve suyu , ayran, kola ,su"** *juice, yogurt drink, coke, water* "Güllaç, şöbiyet, künefe, kadayıf, and sütlaç are types of desserts. **"Tatlı olarak ne var?"** *What is available as dessert?* The word *tatlı* means both dessert and also sweet. **"Künefemizi deneyebilirsiniz."** *You can try our kunefe.*

DIALOGUE

Grammar Point:

Gelecek Zaman (Future Tense) To form sentences in future tense the suffix –ecek, -acak is added to the stem of the verb followed by personal ending. The letter 'k' becomes 'ğ' with the 1st person singular and plural. Example:

Mustafa yarin Dallas'a **uç**acak. *Mustafa will fly to Dallas tomorrow.*   Uçmak –   Uç+acak

Ben hafta sonu Trabzon'a **dön**eceğim. *I will return to Trabzon at the weekend.*   Dönmek - Dön+eceğim

10.3

Read at the following chart to see the conjugation of the verbs "görmek" and "duymak"

Personal pronoun	Stem of the verb + -ecek, -acak +(personal ending)		If the stem of the verb ends in a vowel –y is added
Ben	**gör**eceğim	**duy**acağım	yıkayacağım
Sen	**gör** eceksin	**duy**acaksın	yıkayacaksın
O	**gör** ecek	**duy**acak	yıkayacak
Biz	**gör** eceğiz	**duy**acağız	yıkayacağız
Siz	**gör** eceksiniz	**duy**acaksınız	yıkayacaksınız
Onlar	**gör** ecekler	**duy**acaklar	yıkayacaklar

To form **negative sentence** using future tense suffix –me, -ma is added right after the stem of the verb. Example:

Gelecek ay Van'a gideceğim. *I will go to Van next month.*

Van'a git**me**yeceğim. *I will not go to Van*

Ablam yarın akşam İtalya'dan dönecek. *My sister will be back from Italy tomorrow evening.*

Ablam yarın akşam dön**me**yecek. *My sister will not be back tomorrow evening.*

 To form questions using future tense particle –mi, -mu follows the suffix –ecek, -acak followed by the personal ending.

Example:

Gelecek hafta Kapadokya'yı ziyaret edecek **mi**sin? Will you visit Capadoccia next week?

Saat 8' de otelden ayrılacak mısınız? Will you leave (from) the hotel at 8 o'clock?

P 10.1 Complete the sentences using the verbs in brackets as in the example.

1. Ben kahve (içmek)   _____

2. Hasan arkadaşlarıyla futbol (oynamak) _____

3. Sen gelecek yıl mezun (olmak) _____

4. Biz yarın alış veriş (yapmak)   **yapacağız**

5. Sen yarın sabah erken (kalkmak) _____

6. Onlar Saat 3' te bankaya (gitmek) _____

7. Tom arabasını (yıkamak) _____

8. Selim kitap (okumak) _____

9. Mahmut bana telefon (etmek) _____

10. Bilal balık (tutmak) _____

Kahve içmek: *drink coffee*

Futbol oynamak: *play soccer*

Mezun olmak: *graduate*

Erken kalkmak: *get up early*

Bankaya gitmek: *go to the bank*

Yıkamak: *wash*

Telefon etmek: *call*

Balık Tutmak: *catch fish*

P 10.2 Match the columns to complete the sentences as in the example.

1. (Siz) tatlı alacak   a. mıyız?

2. Jose İspanya'ya dönecek   b. mısın?

3. Maria ile Raul evlenecek   c. mi?

4. (Sen) bana doğruyu söyleyecek   d. mıyım?

5. (Sen) Kazablanka'da uçağa binecek   e. misin?

    f. misin?

6. (Ben) Türkçe konuşacak   g. mısın?

7. Bu oyunda (Sen) oynayacak   h. (lar)mı?

8. (Onlar) yeni evlerine taşınacak   i. (ler)mi?   **3**

9. (Biz) Atina'da araba kiralayacak   j. misiniz?

10. Bu yaz (Siz) tatile gidecek

Almak: *take*

Dönmek: *go back, return*

Evlenmek: *get married*

Doğruyu söylemek: *tell the truth*

Uçağa binmek: *get on the plane*

Oyunda oynamak: *play in the game*

Yeni eve taşınmak; *move in a new house*

Araba kiralamak: *rent (a) car*

Tatile gitmek

ne YaPaCaKSIn?

What will you do? **10**

P 10.3 Make negative sentences using the verbs in brackets as in the example.

1. Ben kahve (içmek) _____

2. Hasan arkadaşlarıyla futbol (oynamak) _____

3. Sen gelecek yıl mezun (olmak) _____

4. Biz yarın alış veriş (yapmak) **yapmayacağız**

5. Sen yarın sabah erken (kalkmak) _____

6. Onlar Saat 3' te bankaya (gitmek) _____

7. Tom arabasını (yıkamak) _____

8. Selim kitap (okumak) _____

9. Mahmut bana telefon (etmek) _____

10. Bilal balık (tutmak) _____

Duden Falls, Antalya Turkey

Gelecek hafta ne yapacaksın?

Antalya'da denize gireceğim.

Kapadokya'da balon turu yapacağım.

Cappadocia, Turkey

ne yapacaksın?

What will you do?

10

P 10.4 Soruları okuyun ve doğru cevabı işaretleyin. *Mark the correct answers.*

1. Scott, gelecek hafta ne yapacak?

   a. Antalya'ya gidecek.   b. İngiltere'ye dönecek.

2. Scott Antalya'da ne yapacak

   a. Ata binecek   b. Denizde yüzecek.

3. Scott Kapadokya'ya gidecek mi?

   a. Evet gidecek.   b. Hayır gitmeyecek.

4. Kapadokya' da ne yapacak

   a. Balon turu yapacak.   b. Dağa tırmanacak.

Ata binmek: *ride horse*

Dağa tırmanmak: *climb (a) mountain*

Deniz: *sea (Denizde: in the sea)*

Yüzmek: *swim*

Balon turu: *a tour in hot air balloon*

Yapmak: *do, make*

Girmek: *enter, go into*

P 10.5 Read the text below and fill in the blanks with the future form of the verbs in brackets. Then listen to the recording to check your answers.

10.4

Merhaba. Ben Tien Sho Ming. Biz bu yaz tatile Fas'a (gitmek) _____. Fas'ta on gün (kalmak)_____. Tatil boyunca Tanca, Kazablanka ve Rabat şehirlerini ziyaret (etmek) _____. Çok heyecanlıyım. (Ben) Tanca'da denize (girmek) _____ Kazablanka'da Kral II. Hasan Camii'ni ziyaret (etmek) _____ ve bol bol fotoğraf (çekmek) _____.

Hassan II mosque, Casablanca, Morocco.

Cave of Hercules, Tangier, Morocco

PRACTICE

104

P 10.6 Aşağıdaki kısa karşılıklı konuşmaları uygun bir şekilde tamamlayınız.
Complete the following short conversations.

OTELDE (*In a hotel*)

Resepsiyonist: Hoş geldiniz. Size nasıl _____?

Müşteri: Adım _____ . _____ bir oda ayırtmıştım.

Resepsiyonist: _____ kalacaksınız?

Müşteri: _____ gün.

Resepsiyonist: Peki efendim. Odanız 2. _____. Oda _____ 232. Buyrun bunlar _____.

Müşteri:_____.

Resepsiyonist: Rica ederim.

LOKANTADA (*In a restaurant*)

Garson: Hoş geldiniz. Ne _____?

Müşteri: _____ . Lütfen.

Garson: İçecek bir şey alır mısınız

Müşteri Evet. _____ alayım.

Garson: Tatlı ne arzu edersiniz

Müşteri: _____ lütfen.

Drinks	Soups	Main Course	Desserts
Çay, Türk kahvesi, Ayran, Sahlep, Gazoz	Mercimek çorbası, Ezo gelin Çorbası, Tarhana Çorbası	Kuru fasulye, Pilav, Izgara Köfte, Ali Nazik, Lahmacun, İskender Kebap, Su Böreği	Baklava, Aşure, Kazan dibi, Kadayıf, Şekerpare, Revani

Words
Travel and Vacation Words

ACROSS

2 plane
4 take a photo
7 catch fish
10 visit
11 you are welcome
13 elevator
14 welcome
16 bank

DOWN

1 thank you
3 soup
5 your room number
6 registration form
8 stay
9 desserts
12 restaurant
15 return

WORD BANK: ÇORBA, ZIYARETETMEK, UçAK, TEşEKKüREDERIM, TATLILAR, RICAEDERIM, ODANUMARANIZ, LOKANTA, KAYITFORMU, KALMAK, HOşGELDINIZ, FOTOğRAFçEKMEK, DöNMEK, BANKA, BALIKTUTMAK, ASANSöR

ne yapacaksın?

Learning Objective	3 POINTS	1 POINT	0 POINT
I can talk about my future activities.	I can do this easily	I can get my point across	I need to work on this
I know all the words and phrases that I learned in this lesson.	I can do this easily	I can get my point across	I need to work on this
I can create positive and sentences using suffix –ecek, -acak.	I can do this easily	I can get my point across	I need to work on this
I can order food and drinks in a restaurant in Turkish using simple sentences.	I can do this easily	I can get my point across	I need to work on this
I can name some Turkish foods.	I can do this easily	I can get my point across	I need to work on this
I can respond to questions like; " Otelde ne kadar kalacaksınız?" "Ne arzu edersiniz efendim?" "Yarın akşam ne yapacaksın?"	I can do this easily	I can get my point across	I need to work on this

SIGHTS & SOUNDS 3

Istanbul, being not only a physical but also a cultural and historical bridge between the east and west, offers you a wide variety of delicacies in food, music, and culture. The mosques and call to prayer have been the most significant characteristics of the city for centuries.

Bir gün Türkiye'ye seyahat ederseniz ve ilk ziyaret ettiğiniz şehir İstanbul olursa, işte o asla unutamayacağınız bir seyahat olacaktır. Şehrin doğal güzelliğinin yanı sıra yüzyıllardır ayakta kalan tarihi yapılar; saraylar, camiler, kiliseler, su kemerleri, kuleler ve daha nice muhteşem manzaralar size hiç unutamayacağınız anlar yaşatır.

İşte eve dönünce İstanbuldan hatırlayacağınız 6 şey

1. Tarihi eserler
2. Türk yemekleri
3. Ezan Sesi
4. Tekne gezisi
5. Çay ve Simit
6. Kapalı Çarşı'da alışveriş

You should not leave Istanbul without having a cruise on the Bosphorous.
A boat tour will give you an ample opportunity to see the strait that links Europe to Asia.

SIGHTS & SOUNDS 3

The world famous Turkish **baklava** is served almost in all restaurants in Turkey. It contains either walnut or pistachio. Some people love to have it with ice-cream.

If you happen to travel to Turkey and the first city you visit is Istanbul that is absolutely an unforgettable trip. Along with natural beauty of the city, the historical sites that have stayed intact for centuries; palaces, mosques, churches, aqua ducts, towers and many other amazing views will have you experience unforgettable moments. Here are 6 things that you will remember when you go back home:

1. *Historical sites*
2. *Turkish food*
3. *Call to Prayer (Ezan)*
4. *Boat Tour at Bosphorous*
5. *Tea and Simit*
6. *Shopping at the Grand Bazaar*

WWW Read / See more online:

To get more information about the places on the pictures, please search on the internet the words:

1. *Yes I would like another glass of tea (video)*
2. *Turkish baklava*
3. *Suleymaniye ezani*

A **Simit** is a circular bread encrusted with sesame seeds. Many people like simit at breakfast with tea and fata cheese. Tea is probably the most popular drink in Turkey. Tea is always available everywhere in Turkey all four seasons.

Acknowledgements

I would like to express my gratitude to my wife and kids, who supported and encouraged me in spite of all the time it took me away from them.

I would like to express my special appreciation to Mr. Muharrem Soylu for the huge assistance he provided to me when preparing the audio files.

Photo Credits

Copyright: <a href='http://www.123rf.com/profile_mklrnt'>mklrnt / 123RF Stock Photo</a>

Copyright: <a href='http://www.123rf.com/profile_neyro2008'>neyro2008 / 123RF Stock Photo</a>

Copyright: <a href='http://www.123rf.com/profile_yuliaglam'>yuliaglam / 123RF Stock Photo</a>

Copyright: <a href='http://www.123rf.com/profile_yuliaglam'>yuliaglam / 123RF Stock Photo</a>

Copyright: <a href='http://www.123rf.com/profile_siwatham'>siwatham / 123RF Stock Photo</a>

Copyright: <a href='http://www.123rf.com/profile_anthonycz'>anthonycz / 123RF Stock Photo</a>

Copyright: <a href='http://www.123rf.com/profile_kankhem'>kankhem / 123RF Stock Photo</a>

Copyright: <a href='http://www.123rf.com/profile_stekloduv'>stekloduv / 123RF Stock Photo</a>

Copyright: <a href='http://www.123rf.com/profile_grytz'>grytz / 123RF Stock Photo</a>

Copyright: <a href='http://www.123rf.com/profile_ljupco'>ljupco / 123RF Stock Photo</a>

Copyright: <a href='http://www.123rf.com/profile_acherst'>acherst / 123RF Stock Photo</a>

Copyright: <a href='http://www.123rf.com/profile_36clicks'>36clicks / 123RF Stock Photo</a>

Copyright: <a href='http://www.123rf.com/profile_safakoguz'>safakoguz / 123RF Stock Photo</a>

Copyright: <a href='http://www.123rf.com/profile_hayatikayhan'>hayatikayhan / 123RF Stock Photo</a>

Copyright: <a href='http://www.123rf.com/profile_safakoguz'>safakoguz / 123RF Stock Photo</a>

Copyright: <a href='http://www.123rf.com/profile_stylephotographs'>stylephotographs / 123RF Stock Photo</a>

Copyright: <a href='http://www.123rf.com/profile_ximagination'>ximagination / 123RF Stock Photo</a>

Copyright: <a href='http://www.123rf.com/profile_lisafx'>lisafx / 123RF Stock Photo</a>

Copyright: <a href='http://www.123rf.com/profile_mklrnt'>mklrnt / 123RF Stock Photo</a>

Copyright: <a href='http://www.123rf.com/profile_alexeyzet'>alexeyzet / 123RF Stock Photo</a>

Copyright: <a href='http://www.123rf.com/profile_tomaccojc'>tomaccojc / 123RF Stock Photo</a>

Copyright: <a href='http://www.123rf.com/profile_yupiramos'>yupiramos / 123RF Stock Photo</a

Copyright: <a href='http://www.123rf.com/profile_racorn'>racorn / 123RF Stock Photo</a>

Copyright: <a href='http://www.123rf.com/profile_nagme'>nagme / 123RF Stock Photo</a>

Copyright: <a href='http://www.123rf.com/profile_imtmphoto'>imtmphoto / 123RF Stock Photo</a>

Copyright: <a href='http://www.123rf.com/profile_scaliger'>scaliger / 123RF Stock Photo</a>

References

Evan, R. (2016, August 18). Critical Language Scholarship Program:. Retrieved August 18, 2016

Answer Key

P 1.1

Complete the following conversation.

Hande: Günaydın!

Zeynep: Günaydın.

Hande: Adın ne?

Zeynep: Adım Zeymep. Senin adın ne?

Hande: Benim adım Hande.

Zeynep: Memnun oldum.

Hande: Ben de memnun oldum.

P 1.2

Complete the sentences with the words given in the box below.

1. Sizin eviniz güzel_.
2. Benim arabam yeni.
3. Onun adı Hüseyin.
4. Senin adın Hakan.
5. Sizin adınız Sevgi .
6. Benim adım Hatice.

P 1.3 Boşlukları uygun iyelik zamirleri ile duldurunuz.

1. **Bizim** ____ evim**iz** uzak.
2. Senin bisikletin yeşil.
3. Onun işi kolay.
4. Onların adları Isabelle ve Daniel.
5. Benim çantam yeni.
6. Sizin biletiniz hazır.
7. Onun telefonu kapalı.
8. Bizim sınıfımız geniş.
9. Sizin ülkeniz çok güzel.
10. Onun ayakkabısı esk
11. Bizim sandalyeniz kırık
12. Senin araban hızlı.

P 1.4 Write the words and sentences you hear.

1. Merhaba
2. Adınız ne
3. Memnun oldum
4. Arabam hızlı
5. Güle güle!
6. İşim zor

P 1.5 Listen to the following sentences and choose the appropriate response:

1. **Adın ne?**   Adım Melih.

   _____   Ben de memnun oldum.

2. **Hoş geldiniz.** Hoş bulduk.

   _____   iyi akşamlar.

3. **Adım Joseph.** Tanıştığımıza memnun oldum.

   _____   Ne haber?

Write the lower case letters in the blanks.

P 2.1

A _ a_	I _ı_	P_p_
B_b_	İ _i_	R_r_
C_ c_	J_ j_	S_s_
Ç_ç_	K_k_	Ş_ş_
D_d_	L _l_	T_t_
E_e_	M _m_	U_u_
F_f_	N _n_	Ü_ü_
G_g_	O_ o_	V _v_
Ğ_ ğ_	Ö_ö_	Y_ y_
H_h_		Z_ z_

P 2.2 / 2.4a

1. ___ C _
2. ___ A _
3. ___ F _
4. ___ K _
5. ___ Ö _
6. ___ I _
7. ___ Ç _
8. ___ J _
9. ___ L _
10. ___ Z _

P 2.3 / 2.4b

Write the words you hear.

1. Fare
2. Aslan
3. Uçak
4. Köy
5. Hastane
6. Bakkal
7. Vali
8. Kitap
9. Okul
10. Baykuş

Fill in the blanks with the letters and words you hear.

P 2.4 / 2.5

1. Çocuklar çok eğleniyor.
2. Annem alış veriş yaptı.
3. Otobüs gecikti.
4. Uçakla İzmir'e gittik.
5. Saat kaç.
6. Kahve az şekerli.

Underline the letters you hear.

P2.5 /2.6

Example: a – b – c

1. a e ı   2. c ç g   3. k g r   4. s z ş

5. f t n   6. o u ü   7. v y z   8. r m n

Underline the words you hear.

P 2.6

Example: kaz – gaz- gez

1. çanta manto şapka
2. saat kolye küpe
3. taksi şoför adres
4. otel terminal otobüs durağı
5. şarkı şiir öykü
6. uçak tren vapur
7. ekmek su tuz

Underline the words you hear.

P 2.7

Example kedi kuş köpek

1. futbol basketbol voleybol
2. okul hastane kütüphane
3. cami kilise okul
4. bakkal kasap manav
5. kapı pencere duvar
6. kalem defter silgi

114

P 3.4 Match the columns to make sentences.

1. Orada hava nasıl? **f**	a. Evet, rüzgarlı
2. Texas sıcak mı? **d**	b. Hayır, yağmur yok ama bulutlu.
3. Antalya soğuk mu? **e**	c. Oklahoma'da şiddetli rüzgar var.
4. Trabzon yağmurlu mu bugün?**b**	d. Evet biraz sıcak.
5. Bakü rüzgarlı mı? **a**	e. Hayır Antalya soğuk değil.
6. Alex, Oklahoma'da hava nasıl? **c**	f. Hava burada çok güzel.

P 3.2 Complete the following sentences using the correct personal pronouns (Şahıs Zamirleri)

1. ____Ben_____ bilgisayar mühendisiyim. Doktor değilim.

2. Teşekkür ederim. ____Siz_____ çok naziksiniz.

3. Şu anda ___biz___ Amerikda değiliz. Fransadayız.

4. ____O___ çok tembel bir öğrenci değil.

5. Evet efendim. _siz_____ haklısınız.

6. Babam __(O)___ şimdi evde değil.

7. Mahmut __sen____ yaşlı değilsin.

8. Arabanız _(O)___ hızlı ve rahat.

P 3.3 Unscramble the words to make sentences.

1. değiller - işçiler –da- fabrika	İşçiler fabrikada değiller
2. toplantıda – sen- şimdi – mısın-	Sen şimdi toplantıda msın?
3. Jack – mı – bir – iyi – şarkıcı	Jack iyi bir şarkıcı mı?
4. Mu - bowling- oyun – bir – güzel ve eğlenceli	Bowling güzel ve eğlenceli bir oyun mu?
5. mı – acı – yemekler	Yemekler acı mı?

P 3.4 Match the columns to make sentences.

1. Siz Amerikalı	a. değilim. 2
2. Ben İtalyan	b. mısınız? 1
3. Evimiz çok uzakta	c. değiliz. 5
4. Ayşe zeki bir öğrenci	d. değil, yakında. 9
5. Biz yabancı	e. mi? 4
6. John, sen hazır	f. mısın? 6
7. Ana diliniz Japonca	g. mısın? 8
8. Sen buralı	h. mı? 7
9. Alo! Sam, şu anda Ankara'da	i. değilsiniz.
10. Merhaba, Sevgi Hanım siz	j. misiniz?10

Practice: 4.1 A. Write the phrases you hear.

1. Kitabın yazarı   (the author of the book)
2. Ayın sonu   (the end of this month)
3. Elmanın yarısı   (the half of the apple)
4. Sayfanın altı   (the bottom of the page)
5. Çocuğun annesi   (the mother of the child)
6. Paranın mikdarı   (the amount of the money)
7. _____   (the rent of our house)

Practice: 4 1B. Complete the following phrases with appropriate genitive case endings.

1. Okulun kapısı   (the door of the school)
2. Müzenin önü   (the front of the museum)
3. Binanın arkası   (the back of the building)
4. Kuşun kanadı   (the wing of the bird)
5. Arabamın tekeri   (the wheel of my car)
6. Çayımın şekeri   (the sugar of my tea)
7. Arkadaşım _ adı (the name of my friend)

P 4.2

1. Murat Asım'ın babası
2. Sultan Asım'ın annesi
3. Asım Asuaman'ın kocası
4. Asuman Asım'ın karısı
5. Sibel Kemal' in karısı
6. Adnan Ayşe'nin kardeşi
7. Yusuf Murat'ın torunu
8. Murat Yusuf'un dedesi
9. Asım Rukiye' nın dayısı

P 4.3A

1. Resimde arabalar var.   ___D____
2. Resimde bir kedi yok.   ___Y____
3. Yüksek binalar var.   ___D____
4. Ağaçlar var.   ___ D____
5. Uçak yok.   ____Y___
6. Kar var.   ____D___

P 4.3B

7. Resimde köpek var mı?   Evet var.   **Hayır yok.**
8. Resimde otobüs var mı ?   **Evet var.**   Hayır yok
9. Okul var mı?   Evet var.   **Hayır yok**

P 4.4 Match the sentences with translations.

1. She has a large family.
2. I don't have white socks.
3. There are two cats in the yard.
4. I am not single. I am married.
5. Asım is a 24 year old young businessman.

a. Bahçede iki kedi var. 3
b. Onun büyük bir ailesi var.   1
c. Asım 24 yaşında genç bir işadamı. 5
d. Benim beyaz çoraplarım yok. 2
e. Bekar değilim. Evliyim 4

P 5.1 Aşağıdaki soruları metne göre cevaplayınız. *Answer the questions about the text.*

1. Jean'ın soyadı ne?   Dupont
2. Jean nereli?   Fransız Parisli
3. O kaç yaşında?   O yirmiyedi yaşında.
4. Onun (Jean'ın) doğum tarihi ne?   Onun doğum tarihi 25 Eyül 1991

P 5.2

1. _i__ Yaşınız kaç beyfendi?   How old are you, Sir?

2. _f__ Kaç yıldır Ankara'dasınız? How long have you been in Ankara? (Literally;For how many years are you in Ankara?)

3. _J__ Bu evin fiyatı ne kadar? How much is this house?

4. _g__ Otobüste kaç yolcu var? How many passengers are there in the bus?

5. _a_ Bir ayda kaç gün var? How many days are in a month?

6. _e__ Ankara İstanbul arası kaç kilometre? How long is the (distance) betweek Istanbul and Ankara? (How many kilometers?)

7. _h__ Dünyada kaç ülke var? How many countries are there in the world?

8. _b__ Türkiye'nin nüfusu kaç? What is the population of Turkey?

9. _d__ Ne kadar paranız var? How much money do you have?

10. _j__ Bu ne kadar? How much is this?

a. Otuz 30 gün var.

b. Yaklaşık seksen milyon.

c. Bilmiyorum.

d. Üç yüz Amerikan Doların var.

e. Yedi yüz kilometre

f. On yıldır.

g. Elli iki yolcu var.

h. Bir fikrim yok.

i. Yaşım 35. (*Otuzbeş yaşındayım.*)

j. Sanırım yüz elli bin Türk Lirası.

P5.3a Dinleyin ve duyduğunuz sayıları yazın.
Listen and write the numbers you hear.

Example: 56

1. 23
2. 92
3. 222
4. 99
5. 11
6. 775
7. 1972
8. 35
9. 101
10. 25265

P5.3b Dinleyin ve duyduğunuz sayıların altını çizin. *Listen and underline the numbers you hear.*

1. 352 - 10 - 70 <u>81</u>
2. 79 - 45 - <u>22</u> - 16
3. <u>333</u> - 323 - 232
4. 8 - 12 - <u>9</u> - 201
5. 1973 - <u>2016</u> - 1990
6. 10.000 - <u>21.000</u>
7. 99 - 999 - <u>9999</u>
8. <u>1492</u> - 775 - 605
9. 306 - <u>707</u> - 808
10. 22 - <u>77</u> - 66 - 54

P 6.2a   Soruları cevaplayınız./Answer the questions.

1. Hişam nereli?   Faslı / Hişam Faslı. / O Faslı

2. Hişam kaç yaşında?   Hişam yirmi yaşında.

3. O nerede oturuyor?   Tanca'da oturuyor.

4. Tanca nerede?   Afrika'nın kuzeyinde.

5. Sen nerelisin?   _____

6. Nerede oturuyorsun?   _____

P 6.2b Doğru seçeneği işaretleyiniz. /*Choose the correct choice.*

1. **Hişam**

   a) Fransız   b) Amerikalı

   c) japon   **d) Faslı**

2. **Tanca şehri**

   a) Afrika'da   b) Asya'da

   c) Çin'de   d) Türkiye'de

3. **Hişam hangi dili biliyor?**

   a) Svahilice   b) Türkçe

   c) Arapça   d) İngilizce

4. **Hişam boş zamanlarında**

   a) balık tutmayı seviyor

   b) resim yapmayı seviyor

   c) müzik dinlemeyi seviyor

   d) kitap okumayı seviyor

P 6.3a Boşlukları **doldurarak cümleleri tamalayın.** *Complete the sentences filling in the blanks.*

1. Nerelisiniz?   Almanyalıyım Almanım

2. Nerede oturuyorsunuz?   Münih'te oturuyorum.

3. Ne yapıyorsunuz?   Televizyon seyrediyorum.

4. Hangi dili konuşuyorsunuz?   Almanca konuşuyorum

5. Kaç yaşındasınız?   Yirmi sekiz yaşındayım..

P 6.3b Boşlukları **doldurarak cümleleri tamalayın.** *Complete the sentences filling in the blanks.*

Hande Gezgin on dört yaşında bir lise öğrencisi. Hande üç yıldır İstanbul'da yaşıyor. O, boş zamanlarında yüzmeyi ve bisiklete binmeyi seviyor. Hande Türkçe ve İngilizce konuşuyor.

P 6.3c Make sentences with the words .

1. Ad- ben- Mary   Benim adım Mary.

2. 20- yaş   Yirmi yaşındayım.

3. İngiltere   ingilizim

4. Otur- Londra- üç yıldır   Üç yıldır Londra' da oturuyorum.

5. Kitap okumak- boş zamanlar –sevmek

   Boş zamanlarımda kitap okumayı seviyorum.

6. Ad- sen- ne-?   Senin adın ne?

7. Nere- sen- yaşamak ?   Nerede yaşıyorsun?

P6.4 Doğru seçeneği işaretleyiniz. (*Mark the correct answer.*)

1. Tien Cho Ming Nerede ?

   a) evde b) hastanede **c) kütüphanede** d) okulda

2. Tien Cho Ming ne istiyor?

   a) üye olmak istiyor   b) oyun oynamak istiyor

3. Tien Cho Ming hangi ayda doğdu?

   a) Aralık   b) Ağustos   c) Kasım

4. Tien Cho Ming hangi yılda doğdu?

   a) 2008   b) 2000   c) 1990

P 7.1 Read Bilal's schedule and answer the following questions

1. Bilal haftada kaç saat ders anlatıyor? **Yirmibeş**

2. O Pazartesi birinci saat nerede? **1A Sınıfında**

3. Bilal Çarşamba öğleden sonra ne yapıyor?

   Futbol oynuyor.

4. Bilal'in Perşembe günü dersi var mı? **Evet var.**

5. Bilall'in 1C sınıfına dersi ne zaman? **Çarşamba günü**

6. Bilal hangi günler futbol oynuyor? **Pazartesi ve Çarşamba günleri.**

P7.2 Listen to the following sentences and write the ordinal numbers you hear.

1. Üçüncü dersimiz İngilizce.

2. Karabükspor bu yıl ligde birinci .

3. Hasan yarışmada dördüncü geldi.

4. Mart yılın üçüncü ayı.

5. Pazartesi haftanın birinci günü.

6. Kardeşim Pierre onuncu sınıfa gidiyor.

P7.3 Match the ordinal numbers.

1.	Sekizinci	d	a.	2018th
2.	On birinci	b	b.	11th
3.	Kırk beşinci	h	c.	20th
4.	Yüz altıncı	e	d.	8th
5.	Yüz altmış üçüncü	i	e.	106th
6.	Yetmişinci	j	f.	1439th
7.	İki bin on sekizinci	a	g.	1000th
8.	Bin dört yüz otuz dokuzuncu	f	h.	45th
9.	Bininci	g	i.	163rd
10.	Yirminci	c	j.	70th

P 7.4 Complete the sentences by filling in the blanks with the gerund forms of the following verbs: *Öğrenmek , koşmak, içmek, okumak, seyahat etmek, gitmek, oynamak*

1. Türkçe öğrenmeyi seviyorum. *I like learning Turkish.*

2. Jonny seyahat etmeyi seviyor. *John likes traveling.*

3. Zeynep satranç oynamayı sevmiyor. *Zeynep doesn't like playing chess.*

4. Fuat sabahları parkta koşmayı çok seviyor. *Fuat likes running in the park in the morning(s).*

5. Kardeşim bilim kurgu hikayeler okumayıseviyor. *My brother likes reading science fiction stories.*

6. Ben haftasonu sinemya gitmeyi seviyorum. *I like going to movies on the weekend.*

7. Kedim süt içmeyi seviyor. *My cat likes drinking milk.*

P 7.5 Mary ve Larry hakkındaki soruları cevaplayınız.

Answer the following questions about Mary and Larry.

1. Mary ve Larry ne iş yapıyor? **Onlar emekli.**
2. Onlar nerede yaşıyorlar? **Teksas ta**
3. Hafta sonu ne yapıyorlar? **Eviz ve yoksullara su ve yemek dağıtıyorlar**
4. Onların kaç köpeği var? **Üç**
5. Hayvanları seviyorlar mı? **Evet çok seviyorlar.**

P 7.6 Aşağıdaki kelime ve cümleleri kendi dilinize çeviriniz.

Translate the following sentences.

1. Ali kütüphanede kitap okumayı seviyor.
2. Yarın Şikago'ya uçuyorum.
3. Bugün senin sekizinci yaşgünün.
4. Evimiz yedinci katta.
5. On beşinci soru çok kolay.

P 7.7 Aşağıdaki kelimeleri düzenleyerek cümleler yapınız.

Unscramble the words to make sentences.

1. Seviyorum - boş zamanlarımda -balık tutmayı __ Boş zamanlarımda balık tutmayı seviyorum.
2. şarkı söylemeyi- seviyor -çok –kızkardeşim ___   Kız kardeşim şarkı söylemeyi çok seviyor.
3. gidiyor – jack- sınıfa- onuncu------   Jack onuncu sınıfa gidiyor.

P8.1 Aşağıdaki kelimeleri çoğul yapın.

Turn the following words into plural.

Ördek <u>ler</u>	Kazlar	Yılanlar	Ayılar	Aslanlar
Zürafalarlar	Timsahlar	Balıklar	Karıncalar	Koyunlar
Eşekler	Tavuklar	Kediler	Köpekler	Örümcekler

P8.2 Translate the following phrases into Turkish.

1. Your cars   Arabalarınız
2. My books   Kitaplaım
3. Our credit card   Kredi kartımız
4. His ticket   Onun bisikleti
5. Matt's busses   Matt' ın otobüsleri

P 8.3 Make the following words plural.

1. Kitap   Kitaplar
2. Defter   Defterler
3. Kalem   Kalemler
4. Yolcu   Yolcular
5. Arkadaş   Arkadaşlar
6. Hayvan   Hayvanlar
7. Yıldız   Yıldızlar
8. Yaprak   Yapraklar
9. Sandalye   Sandalye
10. Masa   Masalar
11. Bilgisayar   Bilgisayarlar

P 8.4 Make similar sentences with the words given below:

Çocuklar / top oynamak / bahçe   Çocuklar bahçede top oynuyorlar.

Komşular / araba yıkamak / garaj   Komşular garajda araba(larını) yıkıyor(lar).

P 9.1 Match the questions and answers.

1.	Dün sabah Scott saat kaç ta kahvaltı yaptı?	a.	Kahvaltıdan sonra otelden ayrıldı.	4
2.	O kahvaltı da ne yedi?	b.	Çay içti.	3
3.	Scott ne içti?	c.	Scott saat sekiz buçuk'ta (sekiz otuz) kahvaltı yaptı.	1
4.	Scott otelden ne zaman ayrıldı?	d.	Ekmek yumurta ve kek yedi.	2

P 9.2 Rewrite the following sentences using the 1st Person Singular (Ben).

1. Scott 8:30 da otelde kahvaltı yaptı.   Ben saat 9 da evde kahvaltı yaptım.
2. Annem geçen yıl Kanada'ya gitti.   Ben geçen ay Japonya'ya gittim
3. Ayşe kahvaltıda süt içti.   Kahvaltıda çay içtim.
4. Arkadaşlarım hafta sonu futbol oynadı.   Hafta sonu basketbol oynadım.
5. Sen dün bol bol resim yaptın.   Dün resim yaptım.
6. John bugün erken kalktı.   Bu sabah çok geç kalktım.
7. Babam saat 7 de işe gitti.   Saat yedide okla gittim.
8. Arabayı yanlış yere park ettiniz.   Arabayı doğru yere park ettim.
9. İstanbul'da tarihi yerleri ziyaret ettik.   Paris'te ablamı ziyaret ettim
10. Otelde akşam yemeği yedik.   Lokantada öğle yemeği yedim.

P 9.3 Complete column using the verbs in negative form in past tense.

1. **Dün akşam erken yattım.**   <u>Dün akşam erken yatmadım.</u>
2. John geçen ay Şikago ya gitti.   gitmedi
3. Pazar günü balığa gittik.   gitmedik
4. Susan alış veriş yaptı.   yapmadı
5. Hatfa sonu kitap okudum.   yapmadım
6. Amcam yeni evine taşundı.   taşınmadı
7. İngilizce dersi 8 de başladı.   başlamadı
8. Üç yıl hastanede çalıştım.   çalışmadım
9. Ayşe annesine mektup yazdı.   yazmadı
10. Joe dün bana telefon etti.   etmedi

P 9.4 Complete column changing the sentences into question form in past tense.

1. Dün akşam erken yattım.   <u>Dün akşam erken yattin mı?</u>
2. John geçen ay Şikago ya gitti.   gitti mi?
3. Pazar günü balığa gittik.   gittik mi?
4. Susan alış veriş yaptı.   yaptı mı?
5. Hatfa sonu kitap okudum.   okudum mu?
6. Amcam yeni evine taşındı.   taşındı mı?
7. İngilizce dersi 8 de başladı.   başladı mı?
8. Üç yıl hastanede çalıştım.   çalıştım mı?
9. Ayşe annesine mektup yazdı.   yazdı mı?
10. Joe dün bana telefon etti.   etti mi?

P 9.5 Rewrite the following sentences in the past tense.

1. Yirmi yaşındayım.   <u>Yirmi yaşındaydım.</u>
2. Bugün İzmir'de hava çok sıcak.   Dün İzmir'de hava çok sıcaktı
3. Ben okuldayım.   Biraz önce ben okuldayım.
4. Turistler müzeye giriyor.   Turistler müzeye girdi(ler).
5. Çay içiyoruz.   <u>Çay içtik</u>
6. Yağmur yağıyor.   Yağmur yağdı.
7. Sınıfta 10 öğrenci var.   Sınıfta 10 öğrenci vardı.
8. Ben buradayım, John orada.   Ben buradaydım, John oradaydı.
9. Annem mutfakta.   Annem mutfaktaydı.
10. Sen üzgünsün.   Sen üzgündün.

P 9.6 Match the sentences in column A with the past forms in column B.

A

1. Ben evde değilim.
2. Masamda üç kalem var.
3. Sınıfta kimse yok.
4. Fotoğraf çekiyorum.
5. Kitap okuyor musun?
6. Amcamın siyah bir arabası var.
7. İspanyolca konuşuyorum.
8. Hikaye çok uzun.

B

a. İspanyolca konuştum.   7
b. Ben evde değildim.   1
c. Kitap okudun mu?   5
d. Hikaye çok uzundu.   8
e. Sınıfta kimse yoktu.   3
f. Amcamın siyah ber arabası vardı.   6
g. Masamda üç kalem vardı.   2
h. Fotoğraf çektim.   4

P 10.1 Complete the sentences using the verbs in brackets as in the example.

1. Ben kahve **içeceğim.**
2. Hasan arkadaşlarıyla futbol **oynayacak.**
3. Sen gelecek yıl mezun **olacaksın.**
4. Biz yarın alış veriş **yapacağız.**
5. Sen yarın sabah erken **kalkacaksın.**
6. Onlar Saat 3' te bankaya **gidecekler.**
7. Tom arabasını **yıkayacak.**
8. Selim kitap **okuyacak.**
9. Mahmut bana telefon **edecek.**
10. Bilal balık **tutacak.**

P 10.2 Match the columns to complete the sentences as in the example.

1. (Siz) tatlı alacak
2. Jose İspanya'ya dönecek
3. Maria ile Raul evlenecek
4. (Sen) bana doğruyu söyleyecek
5. (Sen) Kazablanka'da uçağa binecek
6. (Ben) Türkçe konuşacak
7. Bu oyunda (Sen) oynayacak
8. (Onlar) yeni evlerine taşınacak
9. (Biz) Atina'da araba kiralayacak
10. Bu yaz (Siz) tatile gidecek

a. mıyız?   9
b. mısın?   7
c. mi?   2
d. mıyım?   6
e. misin?   5
f. misin?   4
g. mısınız?   1
h. (lar)mı?   8
i. (ler)mi?   **3**
j. misiniz?   10

P 10.3 Make negative sentences using the verbs in brackets as in the example.

1. Ben kahve içmeyeceğim.
2. Hasan arkadaşlarıyla futbol oynamayacağım.
3. Sen gelecek yıl mezun olmayacaksın.
4. Biz yarın alış veriş yapmayacaksın.
5. Sen yarın sabah erken kalkmayacaksın.
6. Onlar Saat 3' te bankaya gitmeyeceksin.
7. Tom arabasını yıkamayacak.
8. Selim kitap okumayacak
9. Mahmut bana telefon etmeyecek.
10. Bilal balık tutmayacak

P 10.4 Soruları okuyun ve doğru cevabı işaretleyin. *Mark the correct answers.*

1. Scott, gelecek hafta ne yapacak?
   a. Antalya'ya gidecek.   b. İngiltere'ye dönecek.

2. Scott Antalya'da ne yapacak
   a. Ata binecek   b. Denizde yüzecek.

3. Scott Kapadokya'ya gidecek mi?
   a. Evet gidecek.   b. Hayır gitmeyecek.

4. Kapadokya' da ne yapacak
   a. Balon turu yapacak.   b. Dağa tırmanacak.

P 10.5 Read the text below and fill in the blanks with the future form of the verbs in brackets. Then listen to the recording to check your answers.

Merhaba. Ben Tien Sho Ming. Biz bu yaz tatile Fas'a gideceğiz. Fas'ta on gün kalacağız. Tatil boyunca Tanca, Kazablanka ve Rabat şehirlerini ziyaret edeceğiz Çok heyecanlıyım. (Ben) Tanca'da denize gireceğim. Kazablanka'da Kral II. Hasan Camii'ni ziyaret edeceğim ve bol bol fotoğraf çekeceğim.

P 10.6 Aşağıdaki kısa karşılıklı konuşmaları uygun bir şekilde tamamlayınız. *Complete the following short conversations.*

OTELDE (*In a hotel*)

Resepsiyonist: Hoş geldiniz. Size nasıl yardımcı olabilirim/yardım edebilirim?

Müşteri: Adım Hasan Kaya Koşan . Üç kişilik bir oda ayırtmıştım.

Resepsiyonist: Kaç gün kalacaksınız?

Müşteri:Dört gün.

Resepsiyonist: Peki efendim. Odanız 2. Katta. Oda numaranız 232. Buyrun bunlar da anahtarlarınız.

Müşteri: Teşekkürler.

Resepsiyonist: Rica ederim.

LOKANTADA (*In a restaurant*)

Garson: Hoş geldiniz. Ne arzu edersiniz?

Müşteri: Adana kebap ve çoban salatası . Lütfen.

Garson: İçecek bir şey alır mısınız

Müşteri Evet. Ayran alayım.

Garson: Tatlı ne arzu edersiniz?

Müşteri: Künefe lütfen.